# História do Silêncio

**Dados Internacionais de Catalogação na Publicação (CIP)**
**(Câmara Brasileira do Livro, SP, Brasil)**

Corbin, Alain
História do silêncio : do Renascimento aos nossos dias / Alain Corbin ; tradução de Clinio de Oliveira Amaral. – Petrópolis, RJ : Vozes, 2021.

Título original : Histoire du silence

2ª reimpressão, 2022.

ISBN 978-65-5713-164-0

1. Silêncio (Filosofia) 2. Silêncio – História I. Título.

21-59333 CDD-128.3

Índices para catálogo sistemático:

1. Silêncio : Filosofia 128.3

Cibele Maria Dias – Bibliotecária – CRB-8/9427

ALAIN CORBIN

# História do Silêncio

## Do Renascimento aos nossos dias

Tradução de Clinio de Oliveira Amaral

Tradução realizada a partir do original em francês intitulado
*Histoire du silence de la Renaissance à nos jours.*

Direitos de publicação em língua portuguesa – Brasil:
2021, Editora Vozes Ltda.
Rua Frei Luís, 100
25689-900 Petrópolis, RJ
www.vozes.com.br
Brasil



---

*Editoração*: Maria da Conceição B. de Sousa
*Diagramação*: Sheilandre Desenv. Gráfico
*Revisão gráfica*: Nilton Braz da Rocha
*Capa*: Ygor Moretti
*Ilustração de capa*: Leitura. Jose Ferraz de Almeida Júnior, 1892. Pinacoteca do Estado de São Paulo.

ISBN 978-65-5713-164-0 (Brasil)
ISBN 978-22-263-2378-1 (França)

Este livro foi composto e impresso pela Editora Vozes Ltda.

"Há sempre, no silêncio, algo
de inesperado, uma beleza que
surpreende, certa tonalidade que
saboreamos com a fineza de um
*gourmet*, um gosto de repouso
delicado [...].
Sempre de forma inesperada,
chega como que impelido por
uma força interior.
O silêncio assenta-se [...],
apresenta-se como um passo
dócil e sedoso."

*Jean-Michel Delacomptée.*
*Petit éloge des amoureux du silence.*

# Sumário

# Prelúdio

O silêncio não é somente ausência de ruído. Nós quase o esquecemos. As referências auditivas tornaram-se desnaturalizadas, enfraquecidas, dessacralizadas. O medo e até mesmo o pavor suscitados pelo silêncio intensificaram-se.

No passado, os ocidentais apreciavam a profundidade e os sabores do silêncio. Eles o consideravam como a condição para o recolhimento, a escuta de si, a meditação, a oração, o sonho, a criação; mas, sobretudo, como o lugar interior do qual a palavra emerge. Eles detalhavam suas táticas sociais. Para eles, a pintura era palavra do silêncio.

A intimidade dos lugares, a do quarto e dos seus objetos, como a da casa, era tecida pelo silêncio. Desde o advento da alma sensível no século XVIII, os homens, inspirados pelo código do sublime, apreciavam os milhares de silêncios do deserto e sabiam escutar os da montanha, do mar e do campo.

O silêncio testemunhava a intensidade do encontro amoroso e parecia ser condição para esta união. Ele pressagiava a duração do sentimento. A vida do doente, a proximidade da morte e a presença do túmulo suscitavam uma gama de silêncios que, hoje, são apenas residuais.

Como os experimentar melhor senão mergulhando nas citações de tantos autores que partiram em uma verdadeira busca estética? Ao lê-los, cada um traz a experiência da sua própria sensibilidade. Muito frequentemente, a história pretendeu explicar. Quando se aproxima do mundo das emoções, ela deve, acima de tudo, fazer experimentar, particularmente quando os universos mentais desapareceram. Por isso, muitas citações reveladoras são indispensáveis. Somente elas permitem ao leitor compreender a maneira pela qual os indivíduos do passado experimentaram o silêncio.

Atualmente, é difícil fazer silêncio, o que impede de compreender essa palavra interior que acalma e satisfaz. A sociedade nos impõe dobrarmo-nos ao ruído, fazendo parte de tudo em vez de escutarmos a nós mesmos.

Assim, encontra-se modificada a própria estrutura do indivíduo.

Certamente, alguns viajantes solitários, artistas e escritores, adeptos da meditação, homens e mulheres retirados em um mosteiro, alguns visitantes de túmulos e, sobretudo, apaixonados que se entreolham e se calam estão em busca do silêncio e permanecem sensíveis às suas estruturas. Mas são como náufragos em uma ilha, em breve deserta, cujas margens deterioram-se.

Ora, não é tanto, como se poderia crer, a acentuação da intensidade do barulho no espaço urbano que constituiu o fato mais relevante. Graças à ação de militantes, de legisladores, de higienistas, de técnicos que analisam os decibéis, o ruído na cidade, modificado, não é, sem dúvida, mais ensurdecedor do que o do século XIX. O essencial da mudança reside na hipermediatização, na permanente conexão e, de fato, no incessante fluxo de palavras que se impõem ao indivíduo, conduzindo-o a recear o silêncio.

A evocação, neste livro, do silêncio passado, das modalidades de sua busca, das suas texturas, das suas disciplinas, das suas táticas, da sua riqueza e da força de sua palavra pode contribuir para reaprendermos a fazer silêncio, ou seja, a sermos nós mesmos.

# 1
# O silêncio e a intimidade dos lugares

Existem lugares privilegiados, onde o silêncio impõe a sua sutil onipresença, nos quais se pode, particularmente, realizar a sua escuta, lugares onde, frequentemente, o silêncio aparece como um doce barulho, leve, contínuo e anônimo; lugares onde se aplica o conselho de Valéry: "Ouça este barulho sutil e constante que é o silêncio. Escute o que escutamos quando nada se faz ouvir"; este barulho "cobre tudo, esta areia do silêncio... nada mais. Essa coisa nenhuma é imensa aos ouvidos"[1]. O silêncio é uma presença no ar. "O silêncio não se vê, escreveu Max Picard, e, no entanto, ele, manifestadamente, está lá; ele se espalha completamente ao longe e, todavia, está perto de

---

1. VALÉRY, P. "Tel quel". In: *Œuvres*. Tomo II. Paris: Gallimard, 1960, p. 656-657 [Col. *Bibliothèque de la Pléiade*].

você, tão perto que você o sente como o seu próprio corpo"[2]. O pensamento e as ideais não estão sozinhos. Os comportamentos e as decisões sofrem esta profunda impressão.

Em meio aos lugares onde se impõe o silêncio, distinguem-se a casa, suas salas, seus corredores, seus quartos, e todas as coisas que constituem a sua decoração, mas também certos monumentos privilegiados: as igrejas, as bibliotecas, as fortalezas, as prisões... Nós escolheremos, inicialmente, exemplos sobre o que foi dito desses lugares ao curso dos séculos XIX e XX; trata-se de um tempo em que se aprofunda o discurso sobre o silêncio dos lugares íntimos. Para mais tarde, reservamos o silêncio ligado ao recolhimento, à interioridade, que autoriza a oração, a prece, a ouvir a palavra de Deus.

Há casas que respiram o silêncio, nas quais, ele, de alguma maneira, impregna as paredes. Em nosso tempo, o pintor Hopper magnificamente exprimiu isso. É o caso do Quesnay, a residência do padre casado, descrita por Barbey d'Aurevilly: foi "no silêncio

---

2. PICARD, M. *Le Monde du silence*. Paris: PUF, 1954, p. 4.

desta casa onde o silêncio sempre imperou tanto" que o herói, Néel de Néhou, esperando o retorno de Sombreval, vigiava Calixte[3].

Na mesma época, o silêncio situa-se no coração da obra de Georges Rodenbach, tal como o silêncio das casas aristocráticas de Bruges. Ao longo dos canais, oprime o silêncio destas casas mudas presentes na agonia da cidade e, Hugues Viane, a personagem central do livro, caminhando ao longo das suas ruas desertas, "reconhecia-se como o irmão em silêncio e em melancolia desta Bruges dolorosa"[4]. Aqui, o silêncio, assegura Rodenbach, é alguma coisa viva, real, despótica, hostil a quem o incomoda. Na cidade, todo ruído choca, é um sacrilégio animalesco e grosseiro.

Em *Le Rivage des Syrtes*, de Julien Gracq, a presença do silêncio é central[5]. Ele reina no palácio, a velha residência de Vanessa,

---

3. D'AUREVILLY, J.B. "Un prêtre marié". In: *Romans*. Paris: Gallimard, 2013, p. 889 [Apres. de Judith Lyon-Caen] [Col. *Quarto*].

4. RODENBACH, G. *Bruges-la-Morte*. Paris: Garnier-Flammarion, 1998, p. 193.

5. GRACQ, J. *Le Rivage des Syrtes*. Paris: José Corti, 2011.

em toda a cidade de Maremma onde ele se situa, na capital Orsenna, em suma, em todos os lugares onde se sente a decadência. Nós reencontraremos este romance obcecado por uma vasta gama de silêncios.

No interior da casa, diversas texturas de silêncio impregnam salas, corredores, quartos e escritórios. O silêncio, objeto primordial do mais célebre romance de Vercors, é impressionante na sala do rés do chão onde permaneciam o tio, a sobrinha e o oficial alemão Werner von Ebrennac[6]. Desde o terceiro dia, esse último o sentia e o mensurava antes mesmo de entrar. Após ele ter falado, o silêncio prolonga-se, "torna-se cada vez mais espesso como a névoa da manhã, densa e imóvel", a atitude das personagens "deixava o silêncio ainda mais pesado, transformava-o em chumbo"[7].

Desde então, o silêncio revela a evolução do seu papel; trata-se do "silêncio da França", esse que o oficial alemão se esforça para vencer durante uma centena de noites

---

6. VERCORS. *Le Silence de la mer*. Paris: Le Livre de Poche, 1994, p. 20.

7. Ibid., p. 33.

de inverno. Para o fazer, ele se curva a "este implacável silêncio", deixando-o invadir o cômodo "e saturá-lo completamente como um gás pesado irrespirável"[8]. Tudo se passa como se, entre os três protagonistas, fosse este alemão quem ali se sentia mais à vontade.

Em seu retorno, alguns anos depois, após ter vivido uns dramas e compreendido a resistência colocada pela França, doravante, Werner von Ebrennac aprova a "conveniente tenacidade do silêncio" que reina mais uma vez, mas que se faz "mais obscuro e afetuoso"[9]. O silêncio que era um silêncio de dignidade em 1941 se transformou em silêncio de resistência.

"Todo quarto, escreveu Claudel, é como um vasto segredo"[10]. Ele é, por excelência, o lugar íntimo do silêncio; este silêncio lhe é necessário. No século XIX, destaca Michelle Perrot, aumenta a exigência do quarto particular, de um espaço para si, de um

---

8. Ibid., p. 43.

9. Ibid., p. 48.

10. CLAUDEL, P. "L'œil écoute". In: *Œuvres en prose*. Paris: Gallimard, 1965, p. 2.740 [Col. *Bibliothèque de la Pléiade*].

lugar para se retirar, de um lugar secreto e de silêncio[11]. Essa exigência é fato histórico. Baudelaire clama o deleite de estar, à noite, enfim refugiado no seu quarto. Então, escapa – escreve, citando Bruyère – à "grande infelicidade de não poder estar só", contrariamente àqueles que correm para a multidão por medo "sem dúvida por não poder suportarem-se a si mesmos".

"Enfim, só! Ouvimos nada além de rolamentos de alguns fiacres atrasados e exaustos. Durante algumas horas, possuiremos o silêncio, senão o repouso. Enfim! A tirania da face humana desapareceu, e eu não sofrerei mais do que por mim mesmo. [...] Descontente de todos e de mim mesmo, bem gostaria de resgatar-me e de regozijar-me um pouco no silêncio e na solidão da noite"[12].

Huysmans atribui este mesmo tipo de desejo a diversas personagens dos seus romances. Des Esseintes cercou-se de servos quase mudos, idosos vergados por anos de

---

11. PERROT, M. *Histoire de chambres*. Paris: Seuil, 2009, p. 87s. [Col. *La Librairie du XXI*e *Siècle*.

12. BAUDELAIRE, C. "Le Spleen de Paris". In: *Œuvres complètes*. Paris: Gallimard, 1954, p. 292-293 e 316 [Col. *Bibliothèque de la Pléiade*].

silêncio. Ele se acomodou em um quarto silencioso, com tapetes, com um assoalho acolchoado e com portas lubrificadas capazes de sempre impedir que se escute o ruído dos passos dos seus servidores. Seguramente, Des Esseintes sonha com uma "espécie de oratório", com uma falsa "cela monástica", com um lugar de "retiro do pensamento", cujo silêncio termina, além disso, por lhe ser pesado"[13].

Marcel Proust cobriu as paredes do seu quarto e pagou os operários para que não fizessem as obras que deveriam efetuar no apartamento de cima. Mais tarde, Kafka exprime o desejo de ter um quarto de hotel que lhe permitisse "isolar-se, calar-se, gozar de silêncio e escrever à noite"[14].

Outros autores analisaram, cuidadosamente, as raízes deste desejo banal pelo silêncio em seus quartos. Frequentemente, sua importância está ligada às emoções acarretadas pelos ruídos ligeiros e familiares dos membros da família. Whitman exalta, nos

---

13. HUYSMANS, J.-K. *À rebours*. Paris: Gallimard, 1983, p. 142-143 [Apres. de Marc Fumaroli] [Col. *Folio Classique*].

14. Cf. PERROT, M. *Histoire de chambres*. Op. cit., p. 119 e 255.

Estados Unidos, "a mãe em casa que dispõe em silêncio os pratos sobre a mesa de jantar"[15]. Rilke fala sobre a felicidade sentida no "quarto silencioso de uma casa de família, circundado por objetos calmos e sedentários, a escutar os melharucos exercitarem-se no jardim verde e luminoso, tendo, ao longe, o relógio da aldeia"[16]. A felicidade nasce aqui da osmose entre o espaço íntimo e um espaço exterior indeterminado.

Rilke coloca em jogo uma gama de silêncios que a visita da mãe cria para a criança: "Oh silêncio no vão da escada, silêncio nos quartos vizinhos, silêncio lá em cima, no sótão. Oh mãe! Você foi a única que se colocou diante de todo esse silêncio no tempo em que eu era criança! Que o tomou sobre ti e disse: não te assustes, sou eu". Que teve a coragem, em plena noite, de ser o silêncio para quem tem medo e para aquele que morre de medo! Tu acendes a luz e o ruído, agora, és tu..."[17].

---

15. WHITMAN, W. *Feuilles d'herbe*. Paris: José Corti, 2008, p. 267.

16. RILKE, R.M. *Les Cahiers de Malte Laurids Brigge*. Paris: Seuil, 1966, p. 43 [Col. *Points*].

17. Ibid., p. 71.

Segundo Rilke, existe um outro silêncio particular no coração de um quarto: aquele criado quando os vizinhos deixam de fazer algazarra: "E, agora, houve um silêncio. Um silêncio como quando uma dor cessa. Um silêncio singularmente sensível e que te provocava comichão como uma ferida que cura", silêncio que surpreende e, de algum modo, desperta; "é preciso ter vivido esta paz, porque não saberíamos reproduzi-la"[18].

O narrador do *Em busca do tempo perdido* multiplica a análise das texturas do silêncio que o cerca. Ele aprecia a "linda qualidade do silêncio" da varanda de Legrandin. Ele é, neste sentido, um exemplo repetido: o do interior do quarto da tia Léonie: "Ali, o ar estava saturado com *a fina flor de um silêncio* tão nutritivo, tão suculento que eu por ali só andava com uma espécie de gula, principalmente nas primeiras manhãs ainda frias da semana da Páscoa, quando melhor o saboreava, pois acabava de chegar a Combray"[19]. Nós veremos, mais à frente, o cui-

18. Ibid., p. 158-159.

19. PROUST, M. "Du côté de chez Swann". In: *À la recherche du temps perdu*. Paris: Gallimard, 1954, p. 127 e 49-50 [Col. *Bibliothèque de la Pléiade*] [Ed. em língua

dado que o narrador reserva ao silêncio no quarto onde dorme Albertine.

Nós regressaremos ao erotismo sutil que se desdobra no coração do quarto evocado por Barbey d'Aurevilly em *Le rideau cramoisi*. Consideremos, por ora, a série de silêncios ameaçadores na casa, a qual é um verdadeiro reino dos silêncios. O amante, à espera da vinda silenciosa de Alberte, espreita o "terrificante silêncio" da casa adormecida. Ele escuta aquele do quarto parental. É importante ser discreto a fim de evitar qualquer surpresa, de evitar o ruído que poderiam fazer as dobradiças rangedoras das portas. Significativo é, sobre isso, a primeira aparição de Alberte no quarto do narrador, enquanto esse se encontra enclausurado no silêncio do seu quarto. A própria rua estava silenciosa "como o fundo de um poço". "Eu teria escutado o voo de uma mosca, mas se, por acaso, houvesse uma em meu quarto, ele assegura, ela devia dormir em algum canto do vidro ou em uma destas dobras da cortina [...] caída diante da janela, perpendicu-

---

portuguesa: PROUST, M. *Em busca do tempo perdido*. Rio de Janeiro, 2017 [box com todos os livros].

lar e imóvel". Neste "profundo e completo silêncio" – seria conveniente refletir sobre esta divisão –, de repente, a porta, suavemente, entreabriu-se, Alberte aparece, assustada com o barulho que, talvez, tenha causado[20].

Então, um outro quarto foi percebido como impregnado pelo silêncio: o da jovem trabalhadora em seu labor, tal como ela foi descrita com emoção por Victor Hugo. Em sua mansarda emaranham-se o trabalho, a pureza, a piedade e o silêncio. Neste "asilo obscuro", ao mesmo tempo que "pensando em Deus, pura e sem medo, esta virgem cumpria a sua tarefa de forma íntegra e majestosa, o Silêncio pensativo estava sentado à sua porta"[21]. As vozes do vento, que "sobem vagamente das entradas silenciosas" da rua, dizem-lhe: "Sejas pura sob os céus! [...] Sejas calma. [...] Sejas contente. [...] Sejas boa"[22].

---

20. D'AUREVILLY, J.B. "Le rideau cramoisi – Les Diaboliques". In: *Romans*. Op. cit., p. 939.

21. HUGO, V. "Regard jeté dans une mansarde". In: *Les Rayons et les Ombres*. Paris: Gallimard, 1964, p. 259 [Col. *Poésie*] [Ed. em língua portuguesa: HUGO, V. *Obras completas de Victor Hugo*. 44 vol. São Paulo: Edameris 1957].

22. Ibid., p. 262-263.

Angélica, a heroína de *O sonho*, de Zola, romance em que um permanente silêncio encontra-se confrontado com o ruído dos sinos de uma catedral próxima, parece ilustrar o sonho de Victor Hugo. Uma das grandes cenas do romance está repleta de silêncio. Na noite em que, pela primeira vez, surge o apaixonado Feliciano, "o silêncio era tão absoluto", no quarto, que obrigava a escutar os ruídos, que revelava os de uma "casa abundante e suspirante", os que inspiravam os terrores noturnos[23].

Jules Verne, em uma sátira mordaz, intitulada *O doutor Ox*, exagerou absurdamente a descrição do silêncio total que reinava no seio da uma cidade flamenga imaginária, o que lhe permite detalhar e exagerar todos os ruídos que, normalmente, correm o risco de não se fazerem ouvir. Assim, a residência do burgomestre Van Tricasse era uma "casa tranquila e silenciosa, cujas portas não rangiam, cujas vidraças não tiniam, cujos assoalhos não estalavam, cujas chaminés não so-

---

23. ZOLA, É. "Le Rêve". In: *Les Rougon-Macquart*. Tomo IV. Paris: Gallimard, 1966, p. 902 [Col. *Bibliothèque de la Pléiade*] [Ed. em língua portuguesa: ZOLA, É. *O sonho*. Lisboa: Europa-América, [s.d.]].

pravam, cujas fechaduras não tilintavam e cujos hóspedes não faziam mais barulho do que suas próprias sombras. Certamente, o deus Harpócrates tê-la-ia escolhido como o templo do silêncio"[24].

O romancista francês do século XX obcecado pelo silêncio do quarto, submisso à necessidade de analisá-lo, de fazer experimentá-lo, é obviamente Georges Bernanos. Esse sentimento impõe-se particularmente na leitura de *Senhor Ouine*. A textura dos silêncios do seu quarto reflete a natureza da personagem, "gênio do nada", do vazio, do mal, "pedagogo do desprezível", "pederasta das almas", réptil monstruoso. Aqui, o silêncio exprime a desesperança. Ele acompanha uma morte, precedida de uma longa agonia.

O jovem Steeny, introduzido, pela primeira vez, no quarto do Senhor Ouine, encontra-se, antes de tudo, atingido pelo "maravilhoso silêncio do pequeno quarto (que) parece apenas mover-se, girar docemente em volta de um eixo invisível". Steeny "acredita-

24. VERNE, J. *Une fantaisie du docteur Ox*. Paris: Gallimard, 2011, p. 17-18 [Col. *Folio*] [Ed. em língua portuguesa: VERNE, J. *O Doutor Ox*. São Paulo: Hemus, 1983].

va senti-lo escorregar pela sua fronte, sobre o seu peito, ao longo da palma de suas mãos assim como a carícia da água"[25]. Em seguida, emergem os múrmuros, os das lágrimas longínquas. "Não podemos dizer que o silêncio tenha sido rompido, mas se esgota pouco a pouco, segue a sua vocação. Atrás dele, sobe um tremor quase imperceptível, que não é ainda um ruído, que o precede, que o anuncia"[26].

O Senhor Ouine evoca Anthelme, o marido da sua senhoria, que está no leito de morte. "Ele falava tranquilamente, pausadamente, com uma voz mal abafada, e, não obstante, Philippe (Steeny) acreditava sentir, não sem um vago assombro, o mesmo silêncio formar-se novamente à volta deles, silêncio vivo que parece absorver somente a parte mais grosseira do ruído, dá a ilusão de uma espécie de transparência sonora"[27]. É que o Senhor Ouine é, ele próprio, o silên-

---

25. BERNANOS, G. *Monsieur Ouine*. Paris: Le Livre de Poche, 2008, p. 49 [Ed. em língua portuguesa: BERNANOS, G. *Senhor Ouine*. São Paulo: Martins Fontes, [s.d.].

26. Ibid., p. 50.

27. Ibid., p. 51.

cio que envenena as inteligências e perverte os instintos. Isso se evidencia na ocasião de sua agonia: "A respiração do Senhor Ouine não perturba o silêncio no pequeno quarto, ela lhe confere somente uma espécie de gravidade fúnebre"[28], e o moribundo confidencia: "Ao longo de toda a minha vida solitária [...], eu falei bastante para evitar de me escutar". Este silêncio, representado pelas palavras do Senhor Ouine no quarto, não traz nenhuma distensão: "Ele é repleto de outras palavras não pronunciadas, que Steeny crê escutar assobiar e mexer em algum lugar – na sombra, bem como um emaranhado de serpentes". Ao morrer, Senhor Ouine emitiu um pequeno ruído de riso que "mal elevava-se acima do silêncio"[29].

No que diz respeito ao quarto, seria insuficiente restringir a discussão ao refúgio, ao enclausuramento, ao terror, à osmose do silêncio e à onda indeterminada de ruídos sussurrados pelo exterior. Para analisar o silêncio de um quarto, deve-se considerar o seu ambiente, os seus objetos, até mesmo os

28. Ibid., p. 307.

29. Ibid., p. 310-312 e 329.

entes, que, neste lugar, estão particularmente em afinidade com o silêncio.

O discurso silencioso das coisas que constituem o cenário é a "linguagem muda da alma"[30]. "Cada objeto, escreveu Max Picard, tem em si uma realidade, que está para além da palavra que o designa. Esta essência só pode ser encontrada por intermédio do silêncio. Voluntariamente, o homem cala-se quando vê um objeto pela primeira vez. O homem responde com seu silêncio ao estado anterior à palavra tal como ele se encontra no objeto; presta homenagem ao objeto com o seu silêncio"[31]. O objeto "fala, afirma Georges Rodenbach, exprime a sua natureza em um discurso silencioso, confidencial porque é perceptível apenas para o seu interlocutor". Esse autor exaltou, em sua obra poética, numerosos objetos capazes de falar silenciosamente à alma. Entre esses, distinguem-se as "frágeis vidraças sempre cúmplices do exterior", os vidros das janelas nos quais, aos domingos, se encostam os rostos

---

30. LAUDE, P. *Rodenbach* – Les décors de silence. Bruxelas: Labor, 1990, p. 71 e 79.

31. PICARD, M. *Le Monde du silence*. Op. cit., p. 55.

de mulheres, contemplando o vazio e o silêncio, o espelho, "alma gêmea do quarto", os velhos baús, "a estatueta arqueada com as costas de bronze, reflete-se em um hino silencioso". Aqui, os sonhos pairam no ar como balões, e "o quarto faz silêncio, fazendo malabarismos com eles". Quando a noite cai, só "o lustre emite seu ruído de indignação no silêncio fechado". Rodenbach percebe o quarto como "aparato de silêncio com tecidos inertes". Aqui, melhor do que alhures, reina "a virgindade pensativa do silêncio".

Existem numerosos objetos capazes de falar silenciosamente à alma: a lâmpada da cabeceira, os retratos antigos "com os quais nós conversamos frequentemente em silêncio", o aquário, bacia que exprime a rejeição da exterioridade onde a água refugia-se "no fundo de sua casa de vidro" e, entre as joias, a pérola, "ser sem ser". Rodenbach considera o cinza como a cor sensível do silêncio, assim como o branco da plumagem dos cisnes dos canais de Bruges e o negro da escuridão da noite.

> Os quartos, ele ainda escreve, são,
> verdadeiramente, pessoas velhas
> Sabem segredos, sabem histórias [...]

Que eles esconderam nas vidraças negras
Que eles esconderam no fundo dos
espelhos.

E à noite se produz uma "cascata de segredos, dos quais nenhum se propala"[32].

Se o ambiente é a linguagem muda da alma, o próprio silêncio impõe a esta sua sutil omnipresença. É ele que cria a auréola do objeto contemplado, esse "limite no qual o ser converte-se em ausência" capaz de constituir então "uma espécie de vibração sutil, uma palavra silenciosa".

Aqui, alguns seres estão em afinidade com o silêncio. A criança, antes de tudo, que sente a presença maternal do silêncio, como nós o vimos. "A criança, escreveu Max Picard, é como uma pequena colina de silêncio: o silêncio como que se alastrou ao longo dela [...]. Na palavra da criança, sai mais silêncio do que som"[33]. Vários cineastas fizeram do silêncio o seu reino. Para

---

32. RODENBACH, G. *Le Règne du silence*. Charpentier 1891. Todas as citações precedentes e as que seguem são retiradas de RODENBACH, G. *Œuvre poétique*. Paris: Mercure de France, incluindo *Règne du silence*. Tomo 1. Archives Karéline, 2008, p. 77, 271, 183, 188-189, 191 e 216.

33. PICARD, M. *Le Monde du silence*. Op. cit., p. 89.

Philippe Garrel, a criança induz o silêncio e transforma-o em território[34].

Max Picard detém-se sobre o "denso silêncio" presente nos animais; para ele, estes "carregam consigo o silêncio para o homem [...] Sem parar, colocam o silêncio diante dos homens". São "imagens do silêncio". Ora, o silêncio do animal é pesado como um bloco petrificado. Eles querem arrancá-lo com uma violência selvagem, mas o silêncio e o animal estão acorrentados"[35]. Entre os animais, o gato particularmente – e os cineastas usam abundantemente esta qualidade – sabe habitar o silêncio que ele parece simbolizar.

Alguns monumentos também, mas de uma forma diferente da casa, com seus corredores e seus quartos, impõem-se como outros tantos templos do silêncio, sobretudo as igrejas e os claustros. "A catedral, escreveu Max Picard, cresceu em torno do silêncio". "A catedral romana está lá como uma substância". Parece que ela "engendrará apenas

---

34. BERHAIM, S. "Acheminement vers la parole – Le cinéma de Philippe Garrel". In: *Vertigo* – Esthétique et histoire du cinéma: Le silence, n. 28, 2006.

35. PICARD, M. *Le Monde du silence*. Op. cit., p. 82-83.

por sua simples existência muros de silêncio, cidades de silêncio, homens de silêncio". "A catedral é como que um silêncio incrustado na pedra", ela se ergue "como um enorme reservatório de silêncio"[36].

Huysmans não cessou em seus romances, notadamente naqueles da conversão, de apresentar seus heróis – Durtal por exemplo – à procura do silêncio, desejosos de se refugiar nele, atraídos em particular por aquele que reina nas "igrejas desertas e nas capelas negras". Residindo em Lourdes, e renunciando à moderna e feia basílica, Durtal prefere manter-se na velha igreja então abandonada: "Muito silenciosa, mal iluminada, muito íntima, ela estava quase vazia durante a semana e, ao sair das multidões da nova Lourdes, que delicioso abrigo era! As poucas mulheres que rezavam diante do Santíssimo Sacramento permaneciam imóveis sobre suas cadeiras e mudas; nenhum ruído; aqui, com a Virgem, havia uma doce e longa conversa, no silêncio e na sombra"[37].

---

36. Ibid., p. 131.

37. HUYSMANS, J.-K. *Les Foules de Lourdes*. Paris: Plon-Nourrit, 1911, p. 228.

Se Durtal instalou-se em Chartres, foi para desfrutar da catedral, pois a considerava como um refúgio do silêncio. Descendo à cripta, desde a sua primeira visita, a sua espera foi apenas parcialmente satisfeita: "Pouco a pouco, escutavam-se os estalos dos tamancos, em seguida os passos abafados das religiosas; houve um silêncio, o qual foi sucedido por uma salva de narinas comprimidas por lenços e tudo silenciou"[38]. Refugiado em um gabinete de trabalho na frente das torres, e assombrado pelo edifício, Durtal escuta apenas os gritos das gralhas e o toque das horas que se enfiam "no silêncio e no abandono do lugar". "Ele colocara sua mesa próximo à janela, e devaneava, rogava, meditava, fazia anotações", no "silêncio da província" no seio da qual, segundo ele, trabalhava-se melhor do que em Paris. Durtal permanece muito tempo em Chartres, retido pelo charme silencioso do conjunto da catedral, sempre lamentando a imperfeição do seu silêncio. Quando ele decide distanciar-se da cidade, "é justamente

---

38. HUYSMANS, J.-K. *La Cathédrale*. Clermont-Ferrand: Paléo, 2009, p. 82.

este silêncio, esta solidão da catedral" que ele lamenta[39].

Durante a sua estadia, visitou o monastério das Irmãs de São Paulo. Ali, nos silenciosos corredores, "distinguiam-se as costas das religiosas, atravessadas pela dobra triangular do linho branco, e se escutava o tilintar de grandes rosários negros com elos de cobre, chocando-se sobre as saias com o molho de chaves pendurado"[40].

Passemos, rapidamente, sobre o que une o silêncio à liturgia, isso é tão evidente. Durtal sublinha-o, obviamente, a propósito dos gestos do coroinha que ritma o ofício litúrgico. Este "prosseguia, lentamente, absorto no silêncio prosaico dos assistentes e a criança, mais atenta do que nunca, tocou a campainha; era como que uma chuva de faíscas sob a abóboda da igreja, e o silêncio parecia ainda mais profundo atrás do coroinha ajoelhado"[41].

A lista dos monumentos de silêncio é demasiadamente longa, e seria cansativo enu-

---

39. Ibid., p. 99-100 e 434.

40. Ibid., p. 190.

41. Ibid., p. 86.

merá-los. É o caso da prisão, onde o silêncio impõe-se. Edmond de Goncourt, atormentado pela lembrança do seu irmão Jules, morto por afasia, dedicou a segunda parte do seu romance *La Fille Élisa* à destruição do ser pelo silêncio penitenciário. Albert Camus, nas últimas páginas de *O estrangeiro*, evoca o mesmo tema. O Oberman de Senancour refugia-se na biblioteca (nacional) para superar a melancolia intolerável que ele experimenta em Paris. Lá, declara: "eu tenho mais tranquilidade entre indivíduos silenciosos como eu, do que sozinho no meio de uma população tumultuosa". O pátio tranquilo da biblioteca, coberto de verde, é adornado com duas ou três estátuas. "Raramente eu saio, acrescenta ele, sem me prender por quinze minutos neste recinto silencioso"[42].

Voltemos ao romance de Julien Gracq, *Le Rivage des Syrtes*, o qual, repetimos, é uma obra em que se apresentam todas as nuanças do silêncio. O Almirantado, a fortaleza onde o narrador está aquartelado, tem o silêncio de cascos de navios abandonados,

---

42. SENANCOUR. *Oberman*. Paris: Garnier-Flammarion, 2003, p. 101-102.

e este silêncio é a significação de uma "hostilidade altiva". O edifício é inóspito do começo ao fim do romance. "O silêncio das suas casamatas vazias, dos seus corredores enterrados como galerias de minas incrustadas na pavorosa espessura" de pedras gigantescas, fazem com que esta fortaleza tome a dimensão de um sonho.

O coração deste silêncio bate na sala dos mapas, sobre a qual o autor volta inúmeras vezes. No início do romance, o silêncio deste lugar se parece com o de um claustro, mas, em seu seio, parece ter "algo que despertou misteriosamente". Do mapa principal, que o narrador contempla durante horas, um "leve sussurro" parece elevar-se e "encher o cômodo fechado e o seu silêncio oculto". Esta sala opressora, no meio da qual germina a decisão de ir desafiar o inimigo, há muito adormecido, por uma incursão de navio *Le Redoutable*, parece uma "clareira de silêncio". O narrador, herói da aventura imprudente, depois de sua ação, retorna de sua incursão à calma do escritório do seu comandante ausente, no seio de um "silêncio abafado" onde doravante se faz ouvir o zumbido tentador do mar, despertando como "um ruído de abelha este silêncio recluso"[43]. O silêncio dos cômodos do Almirantado reflete, doravante, o desafio da decisão que germinara em seu interior.

Lugares e rumores pesam sobre as almas. As condutas e as escolhas sofrem esta sutil influência. Essas impressões marcaram tantos autores que não cessaram de regressar a elas, e as evocações do espaço fizeram-se expressão do estado interior deles. A natureza também iria estimular os seus sentidos e aguçar a sua busca silenciosa.

---

43. GRACQ, J. *Le Rivage des Syrtes*. Op. cit., p. 71, 35, 32 e 223.

# 2
# Os silêncios da natureza

Alguns sons, assegura Maurice de Guérin, fazem ecoar o silêncio e conferem, ao mesmo tempo, profundidade ao espaço. "As lembranças, sob a forma de reminiscências, se põem (então) a falar no silêncio interior". Em 14 de agosto de 1833, um "véu imenso, imóvel, sem nenhum vinco, cobre toda a face do céu [...]; todos os ruídos que se erguem ao longe no campo, escreve ele, chegam aos ouvidos a favor deste silêncio: trata-se dos cantos do lavrador, das vozes das crianças, dos pios e das cantigas de animais e, de vez em quando, um cão que ladra [...] Um grande silêncio estabeleceu-se, e eu ouço como as vozes de milhares de lembranças doces e comoventes, que se erguem na distância do tempo passado e vêm sussurrar à minha orelha"[44].

---

44. GUERIN, M. "Le Cahier vert". In: *Œuvres complètes*. Paris: Classiques Garnier, 2012, p. 22 e 72.

Leconte de Lisle experimenta o esplendor da luz como "o silêncio resplandecente dos céus"[45]. Ao contrário, Mallarmé deseja que a acumulação da névoa edifique "um enorme teto silencioso"[46]. Sem dúvida, foi Henry David Thoreau o mais meticuloso na análise da ligação mais geral que une o silêncio às coisas da natureza. É que, para retomarmos seus termos, "a alma humana é uma harpa silenciosa na orquestra de Deus"[47]. Quando ele passeia nos bosques ou no campo, sente que "o som é quase parecido ao silêncio: é, na superfície do silêncio, uma bolha que se rompe imediatamente [...], é uma frágil articulação do silêncio e que só apraz o nosso nervo auditivo pelo contraste criado. Em proporção com este contraste e à medida que ele intensifica ou exacerba o silêncio, (o ruído) é harmonia e melodia"[48]. Isso conduz Thoreau a concluir:

---

45. LISLE, L. "Dies Iræ". In: *Poèmes antiques*. Paris: Gallimard, 1994, p. 294 [Col. *Poésie*].

46. MALLARMÉ, S. "L'azur". In: *Poésies*. Paris: Garnier-Flammarion, 1989, p. 59 [Ed. em língua portuguesa: MALLARMÉ, S. *Poemas*. Rio de Janeiro: Nova Fronteira, 1990].

47. THOREAU, H.D. *Journal* (1837-1861). Paris: Denoël, 2001, p. 31 [Apres. de Kenneth White].

48. Ibid., p. 32.

"O silêncio sozinho é digno de ser ouvido". Ele tem "profundidades e uma fecundidade que variam como as do sol"[49]. Desejando ser mais bem compreendido, ele analisa o efeito do feno sobre o silêncio, bem como a textura dos musgos. Após ter entrado no celeiro de Baker Farm, Thoreau, sentado no "feno murmurador", assegura que o seu estalido torna o silêncio sensível[50]. Em sua *Histoire naturelle du Massachusetts*, diz contemplar os musgos a fim de captar a beleza que englobam porque a sua vida é "marcada pelo silêncio e pela modéstia"[51].

Instalado em Walden, no meio do campo e próximo dos bosques, Thoreau sorria para a sua boa fortuna cotidiana que lhe permitia analisar a multidão de pequenos ruídos que revelam o silêncio e que o criam. Ali, só pode existir silêncio, se for rompido pelos ínfimos sons da natureza, os dos pássaros, os das rãs e até os das folhas. Em Walden, procurar o silêncio não faz muito sentido, ele

---

49. Ibid., p. 115.

50. Ibid., p. 97.

51. THOREAU, H.D. "Histoire naturelle du Massachusetts". In: *Essais*. Marseille: Le Mot et le Reste, 2007, p. 39.

está em todo lugar. Mas para "gozar da mais íntima companhia com aquilo que em cada um de nós está além, ou acima" (de nós), é imperativo guardar você mesmo o silêncio[52].

No século XX, Max Picard compartilha o mesmo tipo de convicção. "As coisas da natureza, escreveu, são todas plenas de silêncio; estão lá como reservatórios plenos de silêncio". O tempo em si estava impregnado de um silêncio particular e "cada estação vem do silêncio da precedente". Durante o inverno, "o silêncio é como alguma coisa visível"; na primavera, parece que o verde é transmitido em silêncio de árvore em árvore[53].

Numa mesma perspectiva, alguns cineastas se mostraram atentos ao silêncio do cotidiano, que alguns se esforçaram por captar. Nicolas Klotz defende que os bons filmes façam silêncio, e "fazer silêncio", acrescenta, não é "de forma alguma a mesma coi-

---

52. THOREAU, H.D. *Walden ou la vie dans les bois*. Paris: Gallimard, 1990, p. 142 [Col. *L'imaginaire*] [Ed. em língua portuguesa: THOREAU, H.D. *Walden*. São Paulo: L&PM, [s.d.]].

53. PICARD, M. *Le Monde du silence*. Op. cit., p. 106, 84 e 87.

sa que se calar". Ele lamenta que haja hoje, cada vez mais, filmes silenciosos, mas cada vez menos filmes que fazem silêncio. Este, assegura ele, "está lá onde começa o mundo"; mas, hoje, ele causa medo[54]. Por sua vez, Jean Breschand define o silêncio, que ele deseja vivamente, como "a não ruptura de um agradável *continuum* sonoro, do sussurro ambiente, familiar" do "ronrom do dia". Para ele, o silêncio é um ambiente, um "ruído doce, ligeiro e contínuo", e anônimo[55].

Ao final destas considerações gerais, vamos à análise mais precisa dos momentos e dos lugares que trazem em si, no interior da natureza, as texturas particulares do silêncio. Para começar, impõe-se aqui a relação entre a noite, mais especificamente, o espaço noturno, e o silêncio. Lucrécio em *A natureza das coisas* evocava "o austero silêncio da Noite", reinando em todo o espaço. No fim do século XVIII, Joubert considera este espaço "como um grande texto de silêncio"[56]. Maurice Guérin detém-se sobre o

---

54. KLOTZ, N. In: *Vertigo*. Op. cit., p. 89-91.

55. BRESCHAND, J. In: Ibid., p. 91 e 93.

56. JOUBERT. *Carnets*. 2 vol. Paris: Gallimard, 1994.

momento do cair da noite, ao mesmo tempo em que o silêncio "envolve-a". Então, os ventos calam-se, os arbustos não fazem nenhum ruído, o dos homens "que se calam sempre por último, vai desaparecendo-se sobre a face dos campos. O sussurro generalizado apaga-se", somente permanece o leve ruído da pena que escreve no silêncio da noite que cobriu tudo[57].

Chateaubriand associa o silêncio noturno aos efeitos da lua. "Quando os primeiros silêncios da noite e os últimos murmúrios do dia lutam sobre as colinas, à beira dos rios, nos bosques e nos vales, quando as florestas calam-se progressivamente, nem uma só folha, nem um só musgo suspira, quando a lua está no céu, quando a orelha do homem está atenta"[58], é então que o pássaro começa a cantar e revela o silêncio da noite. Victor Hugo, por sua parte, escreve em *As contemplações*: "Eu sou o ser inclinado [...]/

---

57. GUERIN, M. "Le Cahier vert". In: *Œuvres complètes*. Op. cit., p. 91.

58. CHATEAUBRIAND, F.R. *Génie du christianisme*. Paris: Gallimard, 1978, p. 566 [Col. *Bibliothèque de la Pléiade*].

que solicita à noite o segredo do silêncio"[59]. Nos Estados Unidos, Walt Whitman, que proclama o "esplendor do silêncio", evoca a noite de verão, completamente nua e silenciosa, que lhe acena com a cabeça[60].

Georges Rodenbach, em seus volumes de poesias, repete também a ligação entre a noite, a lua e o silêncio. Acrescenta-lhe a presença noturna da água da ribeira e dos canais desta Bruges que adormece "nos silêncios pesados". Aqui, a noite "expõe suas joias silenciosas sobre esta água atormentada por um arrependimento"[61].

Gaston Bachelard sublinhou como a noite amplifica as ressonâncias auditivas que contrabalançam a aniquilação das cores. Por isso, o ouvido é o sentido da noite. Enquanto as formas estão contidas no espaço noturno, os ruídos são inseridos no silêncio e chegam aos ouvidos de uma maneira imperceptível[62].

---

59. HUGO, V. "Pleurs dans la nuit". In: *Les Contemplations*. LGF, 2002, p. 408.

60. WHITMAN, W. *Feuilles d'herbe*. Op. cit., p. 273 e 91.

61. RODENBACH, G. *Œuvre poétique*. Op. cit., p. 93.

62. BACHELARD, G. *La Poétique de l'espace*. Paris: PUF, 1957, p. 206.

No século XX, Proust retorna à textura do silêncio do luar. No seu terraço, Legrandin entrega-se à exaltação da sombra e do seu silêncio: "Existe na vida uma hora [...] em que os olhos não toleram mais que uma luz, a da bela noite [...] em que os ouvidos não podem mais escutar outra música senão a tocada pelo luar na flauta do silêncio"[63]. É no meio da noite, ancorado à sua substância, assegura Valéry, que o espírito notavelmente só, distinto, sossegado, sente-se iluminado pelas trevas e que "o silêncio fala-lhe de perto"[64]. Quando se anuncia a aurora, a alma sente que "os primeiros murmúrios no espaço, que se ilumina, estabelecem-se no silêncio", ao mesmo tempo que as formas coloridas esboçadas "colocam-se sobre as trevas"[65].

Em nosso tempo, é, sem dúvida, Philippe Jaccottet quem retomou com mais acuidade as sensações capazes de ligar a lua ao silêncio. Inicialmente, diz-se aterroriza-

---

63. PROUST, M. "Du côté de chez Swann". In: *À la recherche du temps perdu*. Op. cit., p. 127.

64. VALÉRY, P. "Tel quel". In: *Œuvres*. Op. cit., p. 656.

65. VALÉRY, P. "Mauvaises pensées et autres". In: Ibid., p. 860.

do pelo silêncio, quase absoluto, que, às vezes, se faz no exterior no coração da noite[66]. Em 30 de agosto de 1956, por volta das três horas da madrugada, enquanto se eleva uma claridade da lua sobre sua cama e o silêncio é absoluto, ao ponto de não ouvir nenhum ruído, nem de vento, nem de pássaro, nem de carro, o pavor se apodera dele atrozmente. Ele tem medo "diante desta imobilidade silenciosa e vazia", e espera a "entrada em cena da luz". Pelo contrário, por ocasião de uma noite de lua, o silêncio parece ser um outro nome para definir o espaço. O astro transforma a terra, torna-a mais transparente, mais íntima. Ela confere tranquilidade, imobilidade à paisagem até tornar possível perceber a "respiração silenciosa das folhas"[67].

Comecemos nossa revisão dos espaços privilegiados, onde o silêncio reveste uma particular importância, pelo deserto, lugar silencioso por excelência. Nós evocaremos, mais à frente, a experiência dos Padres do deserto. Infelizmente, no que diz respeito ao

---

66. JACCOTTET, P. *La Promenade sous les arbres*. Lausanne: La Bibliothèque des Arts, 2009, p. 120-121.

67. Ibid., p. 59 e 66.

nosso objeto, faltam-nos testemunhos capazes de permitir conhecer suas emoções face a esse espaço, para além daquelas que revelam sua busca por Deus. A partir do século XIX, todavia, dispomos de inúmeros textos que nos contam a experiência emocional dos indivíduos confrontados ao silêncio do deserto. Assim, na França, Chateaubriand, Lamartine, Fromentin, Nerval, Flaubert, em seguida, entre as duas guerras, os viajantes em busca de aventuras e os atores da colonização dos desertos, que são muitos, contaram as emoções experimentadas enquanto estiveram mergulhados neste espaço.

Chateaubriand, que escolheu "o Oriente pelo ouvido", descreve-o como um grande silêncio de desolação nascido do despotismo[68]. Aos seus olhos, este regime político petrifica os seres e o mundo. Já em Constantinopla, o silêncio é contínuo. Ali, não escutamos os ruídos das carruagens e das carroças. Não há sinos, e quase nenhum trabalho barulhento, e "vedes ao vosso redor uma multidão muda".

---

68. CHATEAUBRIAND, F.R. *Itinéraire de Paris à Jérusalem* / BARTHELEMY, G. *L'Orient par l'oreille*, p. 4 [Colóquio sobre Chateaubriand, 09/12/2006] [Disponível em études-romantiques.ish-lyon.cnrs.fr].

Acrescenta-se a isso, na imaginação do viajante, o silêncio do serralho. O próprio carrasco é mudo, que estrangula com um fio de seda. No Império, o silêncio é condição de sobrevivência. Alexandria é também "desumanamente silenciosa". Quando percorrera a Grécia, Chateaubriand já havia experimentado ali o silêncio do Oriente despótico: "As ruínas de Esparta, escreveu, calam-se à minha volta". Lá, o silêncio significa a servidão e a morte do espírito da Grécia antiga. Em resumo, o Oriente parece a Chateaubriand um mundo ameaçado, de uma só vez, pelo "abandono e pelo esquecimento"[69].

Em Jerusalém, que domina seu cenário de deserto, o viajante confere um outro sentido ao silêncio, o qual ele opõe ao nascido do despotismo. Na Judeia, "terra trabalhada por milagres [...] o deserto parece ainda mudo de terror e dir-se-ia que ele não ousou romper o silêncio desde que ouviu a voz do Eterno"[70]. Aqui, o deserto é, inicialmente, o espaço onde se faz ouvir a palavra de Deus. Seu silêncio não é mais o da humilhação,

---

69. Ibid., p. 7.

70. Ibid., p. 21.

da opressão produzida pelo despotismo, mas sinal da presença inefável de Deus. É pressentimento do silêncio que precederá a trombeta do Julgamento Final e os sons da Jerusalém celeste.

Por meio dessas imagens e dessas sensações, Chateaubriand introduz às particularidades do espaço desértico. Este puro, atópico, amorfo, anômico, feito de mineralidade, de imensidão, de total esterilidade, de vacuidade, dinamiza os sonhos transcendentes, confere o sentimento do infinito; mas, ao mesmo tempo, impõe-se como mortífero porque é a representação "alusiva e metafórica" da eternidade[71]. Ele retira a realidade do mundo. É tudo isso que o silêncio do deserto exprime aos olhos dos viajantes do século XIX.

Guy Barthélemy revela em suas variações *lamartinianas* sobre o deserto, rico em traços da presença de Deus, o gosto dos românticos pelas representações espaciais do infinito; aqui, a estética do sublime modela, frequentemente, a representação do deserto,

---

71. Sobre todos esses aspectos, cf. BARTHELEMY, G. *Fromentin et l'écriture du désert*. Paris: L'Harmattan, 1997.

"máquina de purificação capaz de permitir ao sujeito encontrar uma autenticidade no afastamento radical dos seus semelhantes, a operar uma reinvenção de si". Por isso, aqui, o silêncio é essencial[72].

> Assim, em seu silêncio e em sua solidão
> O deserto falava-me melhor do que a multidão.
> Oh deserto! Oh grande e vazio onde o eco vem do céu!
> Fale ao espírito humano, este imenso Israel. [...]
> Neste sombrio deserto conversar face a face
> Com a eternidade, a potência e o espaço:
> Três profetas mudos, silêncios plenos de fé, [...]
> Evidências de espírito que falam sem palavras.

É o que diz, com menos talento, Félicien David em *Le Désert*, ode sinfônica de David e Colin:

> No deserto, tudo cala-se; não obstante, oh mistério,
> Na calma silenciosa

72. BARTHELEMY, G. *Le Désert ou l'immatérialité de Dieu, une variation lamartinienne sur le motif de la "caravane humaine"*. Izmir, 2004, p. 112-113 [Colóquio internacional sobre Lamartine] [Org. de Gertrude Durusoy].

A alma pensativa e solitária
Escuta sons melodiosos
Inexprimíveis acordes do eternal
silêncio![73]

No coração do deserto, sublinha ainda Guy Barthélemy, "o infinito revela-se, e o silêncio participa desta revelação, inicialmente, na qualidade de tradução do desbaste, da desmaterialização do mundo; em seguida, na qualidade de acesso paradoxal, oxímoro, e, para dizer tudo, misterioso, a esta infinidade de mistério". A alma é mergulhada nos "inexprimíveis acordes do eternal silêncio" onde "cada grão de areia tem sua voz"[74].

Fromentin, o grande conhecedor do deserto, tal como o sente e o traduz em sua pintura, obviamente, mas, no que nos diz respeito, em *Un été dans le Sahara*, apresenta ao seu leitor um mundo de sensações no seio das quais o silêncio é primordial. É a "exaltação espacial do nada", lugar de uma "estética da extinção".

Guy Barthélemy, magistralmente, definiu a especificidade do silêncio do deserto. Nesta *vastitas*, no meio da qual se opera uma

73. Ibid.

74. Ibid.

desregulação de todos os sentidos, "o silêncio também se manifesta Outro". Lá, "não podemos mais considerar o silêncio como o contrário de ruído, mas somos conduzidos a ver nela um *estado* que introduz numa outra dimensão da realidade imediatamente interiorizada [...] que induz uma nova relação com a realidade"[75].

O vazio do deserto, "reservatório inesgotável de sensações inéditas", "abre para o mundo ignorado dos infinitamente pequenos ruídos", isto é, a imensidão desértica introduz, paradoxalmente, ao infinitamente pequeno. Fromentin, por sua vez, assegura que "o silêncio é um dos charmes mais sutis desta região solitária e vazia"[76] pelo próprio fato de que nasce do vazio e adquire uma densidade capaz de incitar à interpretação espiritual. Aqui, o ruído dissipa-se no silêncio. Este é um dado essencial da emotividade desértica.

*Un été dans le Sahara* abunda em descrições do silêncio. Em Djelfa, "o silêncio

---

75. Cf. BARTHELEMY, G. *Fromentin et l'écriture du désert*. Op. cit., p. 61.

76. Ibid., p. 62.

ao meu redor é muito grande, escreveu Fromentin a um amigo residente em Paris. O silêncio comunica à alma um equilíbrio que tu não conheces, tu que viveste no tumulto: longe de a esmagar, ele a dispõe aos pensamentos leves. Acreditamos que ele representa a ausência de ruído como a obscuridade representa a ausência de luz: é um erro. Se eu puder comparar as sensações do ouvido às da vista, o silêncio propalado nos grandes espaços é muito mais uma espécie de *transparência aérea* capaz de tornar as percepções mais claras, abre-nos o mundo ignorado dos infinitamente pequenos ruídos, e nos revela uma vastidão de indescritíveis prazeres"[77].

No deserto, sempre o mesmo silêncio, "uma sorte de impassibilidade que parece descer do céu às coisas". É significativo constatar que as progressões no deserto fazem-se sempre "no mais profundo silêncio"[78].

No curso de sua viagem ao Egito, Flaubert não se dedica a uma análise atenta do silêncio. Esse ocupa muito pouco lugar em

---

77. FROMENTIN, E. "Un été dans le Sahara". In: *Œuvres complètes*. Paris: Gallimard, 1984, p. 54 [Col. *Bibliothèque de la Pléiade*].

78. Ibid., p. 123.

sua narrativa, no máximo, nove ocorrências. Na *Voyage en Égypte*, as anotações são visuais, olfativas e táteis. A recusa de escrever os efeitos do silêncio tem interrogado os críticos. O interesse de Flaubert está alhures, escreveu Pierre-Marc Biasi[79]. Em seu caso, o deserto é, inicialmente, sofrido pelo corpo. Não é um lugar de projeção de estados da alma, e a expressão limita-se voluntariamente ao estrito mínimo.

No século XX, Saint-Exupéry consiste, sem dúvida, no melhor exemplo daqueles que contaram sua experiência do deserto e do seu silêncio. "No deserto, escreveu, reina um grande silêncio de casa em ordem"[80]. No deserto, o silêncio é constituído de milhares de silêncios. Quando o avião o sobrevoa, o motor faz um "ruído denso que existe sozinho e por trás do qual a paisagem passa em silêncio como em um filme"[81]. Na expe-

---

79. FLAUBERT, G. *Voyage en Égypte*. Paris: Grasset, 1991, p. 64-70 [Ed. e apres. de Pierre-Marc de Biasi].

80. SAINT-EXUPERY, A. *Terre des hommes*. Paris: Gallimard, 1939, p. 83 [Ed. em língua portuguesa: SAINT-EXUPÉRY, A. *Terra dos homens*. Rio de Janeiro: José Olympio, 1970].

81. SAINT-EXUPERY, A. *Courrier Sud*. Paris: Gallimard, 1929, p. 36 [Ed. em língua portuguesa: SAINT-

riência do aviador, o silêncio mais forte continua sendo o da linha telefônica representando a perda de um avião e do seu piloto[82].

O gosto pela montanha, como o pelo mar, propaga-se no século XVIII de acordo com a ascensão do código do sublime. Obviamente, encontra-se associado, na experiência dos viajantes e no seu imaginário, aos rochedos, às pedras, à neve, à geleira, mas também, ao silêncio. Saussure, em sua *Voyage dans les Alpes*, exalta, chegada a noite, "o repouso e o profundo silêncio" da altitude, mas confessa ser tomado por uma "espécie de terror"[83].

Por ocasião de uma estadia em Friburgo, o Oberman de Senancour não encontra estes "sons silenciosos" que desejava ouvir quando há "incerteza sobre a terra"[84]. Desde a infância, sentira "necessidades ilimitadas" que o "consumiram em silêncio"[85].

---

-EXUPÉRY, A. *Correio Sul*. Rio de Janeiro: Nova Fronteira, 1981].

82. Ibid., p. 151.

83. Apud REICHLER, C. *La Découverte des Alpes et la question du paysage*. Genebra: Georg, 2002, p. 71.

84. SENANCOUR. *Oberman*. Op. cit., p. 274 e 289.

85. Ibid., p. 349.

Ora, descobrindo os Alpes, ele reconhece neles a Natureza pressentida. No "silêncio dos seus chalés", os reflexos da lua, "eu escutei, escreve ele, sons de um outro mundo"[86]. Tudo está mudo exceto "uma torrente que corre surdamente por trás das árvores espessas, no meio do silêncio". As impressões que criam a melancolia referem-se a esta mudez. "Nossos dias escapam do silêncio" como a água caindo em cascata. Na montanha, os desfiladeiros sombrios são mudos; eles sempre o serão, e podemos "imaginar no silêncio que amanhã todas as coisas na terra podem acabar"[87].

Dito isso, as sensações experimentadas por ele sugerem, além disso, a Oberman uma série de hinos ao silêncio da montanha, aos seus riachos silenciosos, ao "silêncio solene" dos seus "grandes vales", ao que, à noite, cai no meio das trevas; e o ruído das quedas d'água que lhe parece, paradoxalmente, aumentar a "permanência silenciosa" dos altos cumes e das geleiras... e da noite. Na montanha, por outro lado, existem duas flores simples, "silenciosas de alguma maneira

---

86. Ibid., p. 349-350.

87. Ibid., p. 410 e 414.

quase desprovidas de odores, mas que me atraem, assegura Oberman, de uma tal maneira que eu não saberia dizer": a escovinha dos campos e, sobretudo, a bonina, ou seja, "a margarida dos prados"[88].

Mesmo fora das obras de ficção, ao longo de todo o século XIX, encontramos a mesma aparição do silêncio da montanha de uma forma repetitiva que poderia cansar. No fim do período, John Muir, incansável explorador – entre outros – nas alturas da Serra Nevada, narra a sua ascensão ao monte Shasta enquanto a neve cai em flocos que se espalham sem ruído no ar seco. "Estar deitado sozinho na montanha numa noite tranquila e sentir o toque da primeira destas pequenas mensagens silenciosas do céu é uma experiência memorável: ninguém pode esquecer uma semelhante delicadeza"[89].

Este texto leva a associar o silêncio da montanha à análise do silêncio da neve, a "doce sedutora", aquela que Rodenbach qualifica de "irmã pensativa do silêncio" capaz de favorecer um retiro para o mundo interior.

---

88. Ibid., p. 163, 176 e 421.

89. MUIR, J. *Célébrations de la nature*. Paris: José Corti, 2011, p. 52.

> Como a neve é abundante, escreveu,
> Ela é silenciosa. Podemos
> confiar-lhe tudo o que quisermos;
> É uma confidente segura[90].

Em *Uma Página de Amor*, Zola entrega um de seus mais belos textos: aquele consagrado ao silêncio da neve que cai no cemitério onde madame Rambaud meditava sobre o túmulo de sua filha. "O deslocamento sem fim destas brancuras adensava-se, dir-se-ia, com os véus flutuantes desenrolados fio a fio. Nenhum suspiro elevava-se [...]. Os flocos [...] pousavam um a um, sem cessar, aos milhões, com tanto silêncio que as flores que se despetalam fazem ainda mais ruído; e um esquecimento da terra e da vida, uma paz soberana vinha desta multidão em movimento, da qual não se ouvia a marcha no espaço"[91].

No *Eutidemo* de Platão, uma discussão vã entre um sofista e seus interlocutores versa sobre o que opõe o silêncio à palavra. A conclusão é que as coisas, principalmente

---

90. RODENBACH, G. *Œuvre poétique*. Op. cit., p. 290 e 113.

91. ZOLA, É. "Une page d'amour". In: *Les Rougon-Macquart*. Op. cit., p. 1.084 [Ed. em língua portuguesa: ZOLA, É. *Uma página de amor*. Rio de Janeiro: Ediouro, [s.d.]].

as pedras, são silenciosas, mas também falam. Disso, podemos concluir que se trata de silêncios materializados e loquazes[92].

Michelet, à procura das melancolias da montanha, não previa, no entanto, confidenciava ele, seu sombrio silêncio. Às margens do Reno suíço, no lapiaz, nada de flores. "Nada além de pedras. Um grande silêncio [...], a rota era lúgubre". Nesse espaço, "a erosão faz-se melhor no silêncio, para aparecer em uma manhã, na dilapidação, a nudez hedionda, na qual nada jamais retornará"[93]. Aqui, o trabalho silencioso da natureza realiza-se na destruição, a erosão "não possuindo, nem o desejo, nem o poder do bem", enquanto nos mares do Sul o "silencioso trabalho destes inumeráveis pólipos" constrói a terra futura onde, talvez, nós habitaremos[94].

O mar também é território do silêncio, de texturas particulares. "Amamos a calma

---

92. PLATÃO. "Euthydème". In: *Œuvres complètes*. Tomo I. Paris, Gallimard, 1950, p. 601 [Col. *Bibliothèque de la Pléiade*] [Ed. em língua portuguesa: PLATÃO. *Eutidemo*. São Paulo: Loyola, 2011].

93. MICHELET, J. *La Montagne*. Plan-de-la-Tour: D'Aujourd'Hui, 1983, p. 277 [Col. *Les Introuvables*].

94. Ibid., p. 279 e 126.

no mar, escreveu Chateaubriand no *Génie du christianisme*, [...] e admiramos o silêncio do abismo, porque ele vem da própria profundeza das águas"[95]. Joseph Conrad mostra demoradamente ao leitor de *La Ligne d'ombre* a tragédia da calmaria do alto-mar tropical e seu assustador silêncio. Esse condiz, nessas regiões, "à opressiva imobilidade do mundo"[96]. É espelho do desespero. Sobre o navio, passamos horas sem ouvir o menor ruído, e o capitão prevê o fim da embarcação, a morte nessa calmaria: "chegado o tempo, as trevas devorariam silenciosamente, pensa ele, o pouco brilho das estrelas caindo sobre o navio, e o fim de todas as coisas viria sem um suspiro [...], sem um murmúrio [...]"[97].

As manobras efetuam-se sem nenhum barulho como se os marinheiros não fossem mais do que fantasmas imersos em um terrível torpor. É o perfeito silêncio aliado a uma perfeita imobilidade. Em um momento, a mortal inércia do ar faz-se "tão profunda que

---

95. CHATEAUBRIAND, F.R. *Génie du christianisme*. Op. cit., p. 874.

96. CONRAD, J. *La Ligne d'ombre*. Paris: Garnier-Flammarion, 1996, p. 143.

97. Ibid., p. 151.

se poderia ouvir um alfinete cair na ponte". Entretanto, em torno do navio está "o silêncio indolente do mar"[98], referência implícita ao inferno cuja imagem dá o tom do romance, reedição do tema do navio fantasma.

À noite, em alto-mar, as toninhas desapareceram, escreveu Albert Camus em *Do mar bem perto. Diário de bordo*, "é o silêncio e a angústia das águas primitivas"[99]. Mas esta emoção melancólica distingue-se das trazidas à sua memória durante uma alvorada em Tipasa. "Nesta luz e neste silêncio, escreveu Camus, escutava em mim um ruído quase esquecido [...]. E, agora, acordado, eu reconhecia um a um os ruídos imperceptíveis dos quais era feito o silêncio: o baixo contínuo dos pássaros, os suspiros ligeiros e breves do mar ao pé das rochas, a vibração das árvores, o canto cego das colunas, os sussurros das plantas de absinto, os lagartos furtivos. Escutava isso, escutava também as ondas felizes que subiam em mim"[100].

---

98. Ibid. p. 162 e 163.

99. CAMUS, A. "La mer au plus près – Journal de bord". In: *L'Été*. Paris: Gallimard, 1959, p. 120.

100. CAMUS, A. "Retour à Tipasa". In: *L'Été*. Paris: Gallimard, 2014, p. 162-163 [Col. *Folio*].

O poder de evocação do bosque litorâneo, ouvido por Camus, reencontra-se no coração da floresta. Essa, escreveu Max Picard, "é como um grande lago reservatório de silêncio, de onde o silêncio espalha-se lentamente pelo ar; o ar (aí) é iluminado pelo silêncio"[101]. No coração da floresta americana, à noite, observa Chateaubriand, quando o fogo começa a se extinguir, "diríamos que os silêncios sucedem os silêncios". "Procuro em vão ouvir em um sepulcro universal algum barulho que revele a vida"[102]. Após a queda de uma árvore, fazendo urrar as florestas, os ruídos "morrem em distâncias quase imaginárias". À uma hora da manhã, o vento desperta os sons, "a música aérea recomeça"[103]. Em seguida, a imaginação de Chateaubriand, sem dúvida, leva-o a uma imagem forte que faz sentir o profundo silêncio das florestas sob o ardor do meio-dia. Neste momento, a serpente faz soar seu chocalho para chamar sua fêmea. "Este si-

---

101. PICARD, M. *Le Monde du silence*. Op. cit., p. 106.

102. CHATEAUBRIAND, F.R. "Voyages". In: *Œuvres complètes*. Tomo VI. Paris: Furne, 1832, p. 60.

103. Ibid., p. 61.

nal de amor é o único barulho que então chega aos ouvidos do viajante"[104].

Retornemos às emoções de Henry David Thoreau sentidas nos bosques. Uma das mais fortes é provocada pela sensação do silêncio do crescimento dos vegetais. No inverno, quando o gelo torna o solo sonoro tal como a madeira seca, "o tilintar do gelo sobre as árvores é doce e fluido" e "a fumaça eleva-se em silêncio". Nos bosques, limpos de seus pecados, a natureza "faz reinar a boa ordem em silêncio"[105]. Quanto a Victor Hugo, ele aprecia, nas florestas, o verão, o momento "no qual o silêncio dorme sobre o veludo dos musgos"[106].

Émile Moulin, obscuro analista do silêncio, cita Sully Prudhomme que escreve em *Les Solitudes*:

> Os bosques também possuem,
> portanto, sua maneira de calar-se
> E de serem obscuros aos olhos aí
> conduzidos pelo sonho.

---

104. Ibid., p. 113.

105. THOREAU, H.D. "Une promenade en hiver". In: *Essais*. Op. cit., p. 87 e 94-95.

106. HUGO, V. "À un riche". In: *Les Voix intérieures*. Paris: Gallimard, 1964, p. 192.

Sentimos em seu silêncio vaguear a
alma do ruído[107].

John Muir, fortemente comovido pelas grandes árvores que visita, detém-se longamente sobre o silêncio das sequoias da Califórnia; essas que vêm do fundo dos tempos mantêm os homens à distância. Elas se dirigem apenas aos ventos. Elas só pensam no céu. Elas parecem nada saber e mantêm-se "solitárias, silenciosas e serenas"[108].

Em 1920, Robert Walser, passeando em um bosque de abetos, sente que ali reina "o mesmo silêncio existente em uma alma feliz, no interior de um templo, em um castelo encantado ou em um fabuloso palácio dos sonhos, como no castelo da Bela Adormecida, onde tudo dorme e cala-se há centenas de anos [...]. No bosque, tudo era tão solene que deliciosas fantasias se apoderavam, por si mesmas, do viajante sensível. Como o doce silêncio silvestre deixa-me feliz!" Aqui, alguns fracos ruídos faziam apenas aumentar "este reino do silêncio que eu ina-

---

107. PRUDHOMME, S. "Silence et nuit des bois". In: *Les Solitudes*. Apud MOULIN, É. *Le Silence* – Étude morale et littéraire. Montauban: Forestié, 1885, p. 73.

108. MUIR, J. *Célébrations de la nature*. Op. cit., p. 252.

lava com o coração perdido, do qual, eu, literalmente, bebia e lambia os efeitos"[109].

Chegamos ao espaço mais comum, o mais frequentemente percorrido, cujo silêncio foi o mais examinado (e que é o mais banal): refiro-me ao silêncio do campo. Aqui, o passeio silencioso é lugar-comum na escritura de si, no romance e na poesia lírica. No fim do século XVIII, quando o passeio ao longo das *trilhas* (*footpaths*), no meio dos grandes domínios britânicos, torna-se ritual, os romancistas ingleses, Jane Austen e, em seguida, as irmãs Brontë e George Eliot, amaram-no e passaram a relatar suas emoções. Assim, a cada tarde, Saint-Aubert, apresentado por Ann Radcliffe em *Os Mistérios de Udolpho*, efetua, acompanhado dos membros de sua família, um passeio campestre rumo a uma pequena casa de pesca. Ele vai, "na hora do repouso, [...] saudar o silêncio e a obscuridade"[110].

---

109. WALSER, R. "La Promenade". Apud BAECQUE, A. *Écrivains randonneurs*. Paris: Omnibus, 2013, p. 832.

110. RADCLIFFE, A. *Les Mystères d'Udolphe*. Paris: Gallimard, 2001, p. 56 [Col. *Folio Classique*] [Ed. em língua portuguesa: RADCLIFFE, A. *Os mistérios de Udolpho*. 2 vol. Vitória: Pedrazul, [s.d.]].

"Às vezes, nós andávamos em silêncio, declara René, relatando seus passeios no campo em companhia de sua irmã Amélie, pondo-nos à escuta do surdo rugido do outono ou do ruído das folhas secas". No domingo, "apoiado em um tronco de olmeiro, ele confidencia, escutava em silêncio o piedoso murmúrio" dos sinos[111]. Dominique de Fromentin aprecia o mês de outubro que dá ao campo seu silêncio. O historiador Guy Thuillier estudou o manto de silêncio que, no século XIX, cobre as aldeias de Nivernais, à espera dos ruídos intermitentes e tranquilizadores capazes de provar o bom desenvolvimento da atividade agrícola e pastoral[112]. Nesta época, o canto do labor, elemento essencial da paisagem sonora, tinha por objetivo atestar a presença laboriosa pela ruptura do silêncio do ambiente. Na completa escuridão da noite, na solidão do campo, a vontade de romper o silêncio tem também o objetivo de tranquilizar.

---

111. CHATEAUBRIAND, F.R. "René". In: *Atala/René* – Le Dernier Abencerage. Paris: Gallimard, 1971, p. 144-145 [Col. *Folio Classique*].

112. THUILLIER, G. *Pour une histoire du quotidien au XIX*e *siècle en Nivernais*. Paris: Ehess, 1977.

Em *As vozes interiores*, Victor Hugo associa Olympio "aos campos silenciosos/à virgindade do gramado não pisoteado"[113]. E em seu hino às árvores publicado em *As contemplações*, o narrador que as escuta e as questiona descreve-as como plenas de silêncio[114].

Obviamente, o matagal, para nossos propósitos, constitui um arquétipo. Barbey d'Aurevilly fez seu leitor sentir a intensidade e a qualidade específica do silêncio do matagal de Lessay. À noite, cobre-o um manto tão vasto que ele "teria devorado todos os gritos que se poderia soltar em seu peito" no caso de ataque de um bandido. O narrador, que atravessa o matagal, à noite, em companhia de seu guia, enquanto ambos se calam, confidencia: "O que me tocava mais forte nas ondas de nevoeiro e de escuridão, era o mutismo sombrio dos ares carregados. A imensidão dos espaços que não percebíamos revelava-se pela profundidade do silêncio. Esse silêncio, pesado ao coração e ao pensamento, não foi perturbado sequer

113. HUGO, V. "À Olympio". In: *Les Voix intérieures*. Op. cit., p. 225.

114. HUGO, V. "Aux arbres". In: *Les Contemplations*. Op. cit., 229.

uma vez durante o percurso neste matagal, assemelhado, dizia o senhor Tainnebouy (o guia), *ao fim do mundo*, exceto, de tempos em tempos, pelo ruído das asas de alguma garça, dormindo sobre suas patas, que nossa aproximação fazia voar"[115]. Em *Un prêtre marié*, após o enterro de Calixte, "o silêncio, escreveu Barbey, mais uma vez, pairava no ar e retomava a posse dos campos"[116].

Já abordamos, a propósito das cidades do Oriente, próximas ao deserto, e das residências aristocráticas de Bruges, exemplos extremos da evocação dos silêncios de uma cidade. Mas a propósito da segunda, fizemos apenas um esboço do que é dito da própria cidade. Segundo Georges Rodenbach, em seu seio, o silêncio está ligado à noite, aos velhos cais, à água dos canais do rio e, como vimos, ao silêncio das residências aristocráticas. "Caminhos de um silêncio incolor"[117] corriam pelo coração da cidade de Bruges e

---

115. D'AUREVILLY, J.B. "L'Ensorcelée". In: *Romans*. Op. cit., p. 380 e 398.

116. D'AUREVILLY, J.B. "Un prêtre marié". In: *Romans*. Op. cit., p. 894.

117. RODENBACH, G. *Bruges-la-Morte*. Op. cit., p. 130.

"águas cheias de despedidas (são aqui) inertes como as vendas silenciosas da morte"[118].

> (Nas cidades da Bélgica), sentimos um frio silenciosos que paira;
> Tão despótico, ainda que ele seja débil e enfastiado, [...]
> Que o mais ínfimo rumor infinitesimal
> Causa inquietação, parece uma coisa anormal
> Como rir em volta de um moribundo que dorme.
>
> Porque o silêncio lá, verdadeiramente, atesta-se! Ele reina,
> Ele é autoritário, ele é contagioso;
> E o menos astuto dos transeuntes impregna-se por ele
> Como os incensos em um ambiente religioso. [...]
>
> Ah, estas cidades, este grande silêncio monótono [...]
> Este silêncio tão vasto e tão frio que nos surpreendemos
> De sobreviver por si mesmo no vazio ao redor[119].

Mas existem outras cidades que, seguramente, apresentam silêncios de uma textura um tanto diferente. Os romancistas france-

---

118. RODENBACH, G. *Œuvre poétique*. Op. cit., p. 222.
119. Ibid., p. 226.

ses do século XIX gostavam de transmitir aos seus leitores os silêncios das pequenas cidades do interior, frequentemente sedes episcopais. Balzac iniciou o tema das cidades interioranas, símbolos de séculos passados, silenciosas porque estavam mortas, obcecadas por sua história, colocando-se fora dos cursos da modernidade. Assim, Guérande, palco dos primeiros capítulos de *Beatriz*, pode ser considerada como uma matriz. O silêncio sugerido, e diversas vezes referido por Balzac, impregna a descrição da cidade como o da casa da família Du Guénic e o retrato do velho que a habita. Na entrada de Guérande, o silêncio atinge: "Um pintor e um poeta permanecerão sentados ocupados em saborear o silêncio profundo que reina sob o arco ainda preservado da poterna, onde a vida desta cidade sossegada não produz nenhum ruído. [...] A cidade produz sobre a alma o efeito produzido por um tranquilizante no corpo, ela é silenciosa tanto quanto Veneza". Todo artista, todo burguês de passagem em Guérande, experimenta o desejo fugaz, escreveu Balzac, de ali terminar os seus dias no seu silêncio. A casa da família Du Guénic (ou Guaisnic) está situada “no fim de uma ruela silenciosa, úmida e sombria”. O velho senhor cala-se, visto que “este silêncio é um dos traços do caráter bretão. [...] Este silêncio profundo é o sinal dos desejos imutáveis. Ele é da mesma natureza do granito. Ao longo da noite, que começa às 18 horas, “o silêncio torna-se tão profundo que podíamos escutar o ruído das agulhas de tricô” da octogenária, irmã do proprietário da casa, a tricotar sem parar. Quando o pároco, que vinha visitar a família Du Guénic, retirava-se, escutamos os ruídos pesados de seus passos que cessam apenas “quando, no silêncio da cidade, a porta do presbitério ecoa ao fechar”[120].

Em *A comédia humana*, as cidades episcopais, aninhadas em redor da catedral, ilustram estas cidades do silêncio. Em Tours, o abade Birotteau reside em um apartamento, muito prestigioso aos seus olhos, no primeiro andar de uma casa situada ao fundo da

---

120. BALZAC, H. “Béatrix”. In: *La Comédie humaine*. Tomo II. Paris: Gallimard, 1976, p. 640, 642, 644, 655, 659 e 678 [Col. *Bibliothèque de la Pléiade*] [Ed. em língua portuguesa: BALZAC, H. “Beatriz”. In: *A comedia humana*. Vol. 3. São Paulo: Globo, 2012].

rua da Psalette. O apartamento é sombrio, úmido e frio, está "sempre coberto por um profundo silêncio interrompido somente pelo badalar dos sinos [...] ou pelo grito das gralhas". O pároco aprecia nesta residência "o silêncio e a paz" do seu gabinete[121]. "Silêncio, frio, inércia, egoísmo", escreveu Nicole Mozet, "caracterizam as cidades da província balzaquiana, e as personagens, tal como o pároco Birotteau, estão em harmonia com estes lugares"[122].

Todo leitor de Barbey d'Aurevilly guarda na memória a textura do silêncio da praça noturna de Valognes, cuja descrição abre *O Cavaleiro des Touches* quando "toca o sino das 20:30 horas": "O ruído de dois sapatos lânguidos que o terror ou o mau tempo pareciam apressar em seus passos incertos perturbava o silêncio da praça dos Capuchinhos deserta e melancólica, assim como

---

121. BALZAC, H. "Le Curé de Tours". In: *La Comédie humaine*. Op. cit. Tomo IV, p. 183 e 185 [Ed. em língua portuguesa: BALZAC, H. "O cura de Tour". In: *A comédia humana*. Op. cit., vol. 4].

122. MOZET, N. "Introduction". In: *La Comédie humaine*. Op. cit., p. 175.

a própria *lande du gibet* (bosque da forca), onde, outrora, enforcavam-se as pessoas"[123].

No que concerne ao século XX, poderíamos voltar longamente ao silêncio das cidades sugeridas em *Le Rivage des Syrtes* de Julien Gracq, que são verdadeiros "labirintos de silêncio", silêncio da peste, silêncio da decadência, silêncio da ameaça. O romance termina com a descrição das sensações experimentadas no silêncio, qualificado de mágico, das ruas noturnas de Orsenna, a capital adormecida que Aldo percorre apressadamente ao sair do palácio: "No silêncio da noite, além das paredes nuas, ruídos fracos subiam, de tempos em tempos, da cidade baixa, ruído da água que corre, o rodar de um carro atrasado ao longe – distintos e, no entanto, intrigantes como os suspiros e os movimentos de um sono agitado, ou os estalidos desiguais dos desertos de rochas contraídos pelo frio da noite"[124], evocação

123. D'AUREVILLY, J.B. "Le Chevalier des Touches". In: *Romans*. Op. cit., 533 [Ed. em língua portuguesa: D'AUREVILLY, J.B. *A enfeitiçada/O Cavaleiro des Touches*. Rio de Janeiro: Otto Pierre, 1980].

124. GRACQ, J. *Le Rivage des Syrtes*. Op. cit., p. 321-322.

que contrasta radicalmente com o que diz em nossos dias Pierre Sansot da avenida de Breteuil em Paris, "envolta pelo conforto de seu luxo e da qualidade do seu silêncio"[125]

Numerosos testemunhos sublinham a qualidade específica do silêncio das ruínas, que, por si só, é suficiente para desencadear um mergulho no passado que elas mantêm vivo. Chateaubriand qualifica as de Palmira como "residência do silêncio". Evoca ao seu respeito "a morte, tão poética porque ela toca nas coisas imortais, tão misteriosa por causa do seu silêncio"[126]. Aos olhos de Max Picard, a esfinge, "que data da época do mais profundo silêncio, sempre se ergue, ainda hoje, depois da desaparição de todo o silêncio, ameaçadora, prestes a desaparecer no mundo do ruído". Ele acrescenta que, de uma maneira geral, as estátuas egípcias são "inteiramente dominadas pelo silêncio", "prisioneiras do silêncio"[127].

---

125. SANSOT, P. "Du bon usage de la lenteur". In: BAECQUE, A. *Écrivains randonneurs*. Op. cit., p. 786.

126. CHATEAUBRIAND, F.R. *Génie du christianisme*. Op. cit., p. 884 e 890.

127. PICARD, M. *Le Monde du silence*. Op. cit., p. 126 e 128-129.

Ora, são monumentos capazes de impor a Chateaubriand o que podemos qualificar de "ruínas auditivas". Trata-se da presença e da rememoração de três grandes silêncios de outrora: o do Escorial, o de Port-Royal e o de Soligny. Assim, Chateaubriand adorava dar a entender, na abadia da Grande Trapa, "o silêncio do lago de outrora". Ninguém pode experimentá-lo, nem o apreciar, tal como era dois séculos atrás. Chateaubriand sente-o e o descreve. Em meados do século XVII, mas não mais em 1847, "encontrávamos no meio do dia um silêncio semelhante ao do meio da noite"[128].

Entretanto, Soligny é, segundo Chateaubriand, um lugar privilegiado para reencontrar o silêncio do passado. Lá, gozamos, efetivamente, de uma "excepcional disponibilidade do ouvido. Aqui, a empreitada arqueológica de reconstrução do silêncio e dos ruídos é possível porque algumas sen-

---

128. CHATEAUBRIAND, F.R. *Vie de Rancé*. Paris: Le Livre de Poche, 2003. A este respeito, cf. CORBIN, A. "Invitation à une histoire du silence". In: *Foi, fidélité, amitié en Europe à l'époque moderne* – Mélanges offerts à Robert Sauzet. Tomo II. Paris: Université de Tours, 1995, p. 301-311.

sações do presente adquirem ali o estatuto de vestígios.

Dito isso, esta tentativa revela-se dificílima pois o silêncio do século XIX está insidiosamente assombrado por uma história mais recente, por um reordenamento, por uma reinterpretação do seu significado, pelo novo valor social que ele reveste, por novas formas de receptividade que ele traduz e pela modificação do seu sentido que lhe foi atribuído. Um feixe de lembranças recentes altera a compreensão e a rememoração do silêncio de outrora.

Victor Hugo, ao contrário, antecipa. Em *As vozes interiores*, imagina o que será daqui a três mil anos a paisagem de Paris destruída, esforça-se em imaginar a natureza do silêncio que cobrirá as suas ruínas. Ele representa um homem sentado em uma colina com vista para a cidade:

> Oh Deus! com que aspecto triste e silencioso
> Os lugares onde fora Paris surpreenderão seus olhos"[129]

---

129. HUGO, V. "À L'arc de Triomphe". In: *Les Voix intérieures*. Op. cit., p. 160.

# 3
# As buscas pelo silêncio

As buscas por silêncio são múltiplas, antigas e universais. Elas impregnam toda a história humana: hinduístas, budistas, taoistas, pitagóricos e, é claro, cristãos, católicos e, talvez mais ainda, ortodoxos sentiram a necessidade e as benfeitorias do silêncio; além disso, a necessidade ultrapassa a esfera do sagrado e a do religioso. Portanto, eu não possuo as competências capazes de permitir uma exposição desta multiplicidade. Por essa razão, não podemos negligenciar totalmente um tal objeto que, no Ocidente, se situa nas raízes da história do silêncio. Nós nos limitaremos a algumas buscas efetuadas nos séculos XVI e XVII. Aqueles, que, posteriormente, sentiram o desejo de silêncio referenciaram-no, explicitamente ou não.

Nesta época, o silêncio era condição necessária para toda relação com Deus. A meditação, a oração interior e, até mesmo, toda a prece exigiam-no. A tradição monástica transmitiu, desde a antiguidade, uma *ars meditandi* que saiu dos claustros no século XVI, constituindo, desde então, uma disciplina interior acessível aos leigos. Sobre esse tronco enxertou-se a filosofia moral antiga, a de Sêneca, a de Marco Aurélio, por exemplo, com a qual os humanistas estavam familiarizados. Tudo isso conduz a enaltecer uma luta contra a distração, uma concentração da atenção, uma busca meditativa estritamente dependente do silêncio. Este processo que conduz à banalização da *oratio interior* silenciosa, tão bem descrita por Marc Fumaroli, está no coração de uma história do silêncio.

Já em 1555, o padre jesuíta Baltasar Álvarez escreveu um *Tratado de la oración de silencio*. Segundo ele, a *oración de la presencia de Dios*, a "oração na presença de Deus", permite acessar a *oración de silencio*: "Então, no coração, tudo se cala, nada o perturba, é o silêncio no qual escutamos somente a voz de Deus que ensina e revela-se"; por isso, é preciso acolhê-lo "em silêncio e em tranquilidade"[130].

130. ÁLVAREZ, B. Apud MASTRANGELO, G.L. "Le silence, voix de l'âme". In: *Le Silence en littérature –*

O dominicano Luís de Granada propõe um método de oração interior que influenciará tanto Carlos Borromeu como Filipe Néri, fundador da Congregação do Oratório. Ele consiste em criar uma "imagem interior silenciosa" dos "traços visíveis e sensíveis de um ato da vida de Cristo". "Uma verdadeira conversa entre o eu pecador e a cena sagrada pode (desde então) instaurar-se", e Cristo, assim como as demais personagens da imagem, por intermédio dos seus gestos, seus olhares, "convidam silenciosamente ao retorno sobre si mesmo". Uma tal oração, sem cessar repetida, cria, segundo Luís de Granada, uma compleição de "movimentos silenciosos" capaz de penetrar em todos os atos[131].

Naqueles tempos, foi o pensamento de Inácio de Loyola que exerceu a mais forte e a mais profunda influência. Ora, a sua

---

De Mauriac à Houellebecq. Paris: L'Harmattan, 2013, p. 119.

131. GRENADE, L. *De l'oraison et de la considération*. Paris, 1863. Sobre a história da arte de meditar, cf. FUMAROLI, M. *L'École du silence* – Le sentiment des images au XVII$^{e}$ siècle. Paris: Flammarion, 1998, esp. p. 234-237 [Col. *Champs*].

mensagem fundamenta-se sobre o silêncio. "Deus preenche, Deus conduz, Deus realiza a sua obra, e tudo isso só pode ser feito no silêncio que se estabelece entre o Criador e a criatura". "Aquele que se aproxima do seu Criador e Senhor e que o alcança, esse vive no silêncio"[132].

Instalado em Manresa, na Catalunha, Inácio de Loyola dedica sete horas por dia à oração interior. E, durante as refeições, quando comia com os outros, tinha por hábito jamais falar, embora escutasse, para usar o que foi dito pelos convivas em seu encontro com Deus que se seguirá à refeição[133].

Aos olhos de Inácio de Loyola, o exercício espiritual era uma maneira de meditar, de orar, de examinar a sua consciência, de se dedicar à "contemplação do lugar". Isso impõe o silêncio, o qual ocorre naturalmente durante o "exercício da noite". Um exem-

---

132. GIULIANI, M. "Écriture et silence – À l'origine des Exercices Spirituels d'Ignace de Loyola". In: MILNER, M. *Du visible à l'invisible*. Tomo II. Paris: José Corti, 1988, p. 112.

133. LOYOLA, I. *Exercices Spirituels, précédés du Testament*. Paris: Arléa, 2002, p. 54 [Ed. em língua portuguesa: LOYOLA, I. *Exercícios Espirituais de santo Inácio*. São Paulo, 1985].

plo permitirá a compreensão deste exercício, realizado no silêncio, e que autoriza dar asas à imaginação: quando comemos, escreveu Inácio de Loyola, "consideramos como se víssemos com os nossos olhos Nosso Senhor Jesus Cristo à mesa com seus apóstolos. Vemos como ele come, como bebe, como olha e como fala"[134].

Em um longo texto sobre as maneiras de orar, Inácio de Loyola especifica como é preciso conciliar as palavras à respiração a fim de alcançar a consolação e vencer a desolação provocada pelos maus espíritos. Com efeito, eles "entram com ruído e comoção na alma", enquanto o bom anjo introduz-se nela pacificamente e "em silêncio"[135].

Isso nos conduz a evocar os místicos. João da Cruz, ao definir a noite serena, feita de calma, solidão em Deus, sublinha a importância do silêncio no êxtase místico. "Na calma e no silêncio da noite e neste conhecimento da luz divina, a alma descobre [...] uma certa correspondência com Deus". Uma sublime harmonia musical estabele-

---

134. Ibid., p. 195.

135. Ibid., p. 208 e 255.

ce-se, que "ultrapassa todos os concertos e todas as melodias do mundo" e, esta música, a alma nomeia-a de "'música silenciosa', porque [...] é um conhecimento calmo e tranquilo, sem ruído da voz, pela qual provamos assim a doçura da música e tranquilidade do silêncio". "Apesar desta música ser silenciosa para as faculdades naturais, é uma solidão muito sonora para as faculdades espirituais"[136].

Mais à frente, João da Cruz define os benefícios da contemplação e da "sabedoria escondida e secreta de Deus": "Sem ruído de palavras [...] como no silêncio e na tranquilidade da noite, na ignorância de tudo isto que é sensível e natural, Deus instruiu a alma"[137]. Em uma só palavra, o silêncio do espírito é a condição necessária da vinda de Deus à alma. Ele "anula toda a atividade racional e discursiva, tornando assim possível a percepção imediata da palavra divina"[138].

---

136. D'AVILA, T. "Jean de la Croix". In: *Œuvres*. Paris: Gallimard, 2012, p. 773 [Col. *Bibliothèque de la Pléiade*].

137. Ibid., p. 774.

138. Ibid., nota, p. 1.033.

Poderíamos também, no que diz respeito ao silêncio e ao misticismo, determo-nos sobre a experiência e os escritos de Teresa de Ávila, notadamente, sobre sua descrição do "castelo da alma". Aqui, Deus apenas toca no silêncio pelas "orelhas da alma" à noite.

A regra cartusiana, ou seja, a dos cartuxos, é fundada sobre o silêncio e sobre a solidão, completada por uma formação livresca específica; trata-se daquilo que permite aderir (*inhaerere*) a Deus, escreveu Gérald Chaix, "com todo o seu coração, com toda a sua alma e com todas as suas forças"[139]. O silêncio exterior que toma forma na regra e nas práticas cartusianas é apenas um meio de alcançar o silêncio interior, o do espírito (*mens*) e do coração (*cor*). Portanto, purificado de toda a imaginação mundana, o espírito dirige-se apenas a Deus. Embora seja apenas um meio de chegar a esta relação, o silêncio exterior, imposto pela regra, deve ser, do mesmo modo que a solidão, escrupulosamente seguido. O mesmo se pode

---

139. CHAIX, G. *Réforme et contre-Réforme catholiques* – Recherches sur la chartreuse de Cologne au XVIe siècle. Tomo 1. Salzbourg, 1981, p. 67 [*Analecta Cartusiana*, n. 80].

dizer do abandono do estudo da eloquência em proveito da leitura de obras capazes de ensinar o silêncio e a devoção. Gérald Chaix conclui que, apesar de ser perfeitamente adequado ao tempo das Reformas, este ideal de solidão e de silêncio foi em seguida se desencaminhando cada vez mais, aparecendo os cartuxos como os "loucos de Deus"[140].

No século XVII, quando o mundo exterior se afasta do silêncio, duas personalidades eminentes conferem-lhe uma importância maior na prática contemplativa: Bossuet e, mais radicalmente, o abade de Rancé, o reformador da Trapa. O primeiro enfatizou repetidamente, em suas obras, a grandeza e a necessidade do silêncio. Bossuet baseia sua exortação em uma passagem do Apocalipse: quando o anjo abriu o sétimo selo, fez-se um grande silêncio no céu, e, durante este silêncio, "os anjos prestavam suas homenagens e suas adorações à suprema majestade de Deus. O que significa este silêncio misterioso que fizeram os anjos no céu?", pergunta-se Bossuet. Que "toda criatura, seja no céu ou na terra, deve perma-

140. Ibid., p. 410-411.

necer em silêncio, e se calar para adorar e admirar a grandeza de Deus"; por isso, ele exorta: "Fazei, de tempos em tempos, esse silêncio à imitação dos anjos"[141] e "vós não tereis jamais arrependimento de ter feito silêncio"[142].

Nesta exortação, destinada às Ursulinas de Meaux, Bossuet assegura: "Apenas no silêncio e na supressão dos discursos inúteis e distrativos que Ele (Deus) vos visitará pelas suas inspirações e por suas graças, e que Ele fará sentir sua presença ao vosso interior"[143]. Este tipo de exortação constituiu um *leitmotiv* em sua prédica. Ele relembra as palavras de são Tiago que pede que todo homem esteja pronto para ouvir, mas tardo para falar[144]. "São necessários um silêncio e um recolhimento perfeito para escutar interiormente a voz de Deus"[145]; e, dirigindo-se novamente às mesmas Ursulinas de Meaux:

---

141. BOSSUET. "Troisième exhortation aux ursulines de Meaux". In: *Œuvres oratoires*. Tomo 6. Paris: Desclée de Brouwer, 1894, p. 252-253.

142. Ibid., p. 246.

143. Ibid., p. 242.

144. Ibid., p. 246.

145. Ibid., p. 241.

"Perdemos muito pela ausência de silêncio"[146]; o desejo de falar desvia de Deus. Nas casas religiosas, "a falta de silêncio causa todas as faltas contra a caridade"[147]. Jesus, no curso de sua Paixão, exceto ao responder a Pilatos, "manteve um perpétuo silêncio"; imitai-o, portanto, ordena Bossuet. De onde vem, pergunta-se, tantos desejos de falar? Eles impedem a introspecção[148].

Exemplos vívidos reforçam estas mensagens. No "Segundo panegírico de são Bento", Bossuet escreveu que na solidão do deserto "horrível e pavoroso no qual ele se retirou (reinava) um silêncio horroroso e terrível, apenas interrompido pelos gritos dos animais selvagens"[149]. Foi para o ajudar a fugir da licenciosidade da juventude que Deus deu-lhe "uma terra inculta e inabitada, um deserto, um silêncio, uma solidão [...], uma sombria e assustadora caverna"[150]. Mais tar-

---

146. BOSSUET. "Seconde exhortation aux ursulines de Meaux". In: *Œuvres oratoires*. Op. cit., p. 230.

147. Ibid., p. 231.

148. Ibid., p. 232.

149. BOSSUET. "Second panégyrique de saint Benoît". In: *Œuvres*. Paris: Gallimard, 1961, p. 560 [Col. *Bibliothèque de la Pléiade*].

150. BOSSUET. "Premier panégyrique de saint Benoît". In: *Œuvres*. Op. cit., p. 298.

de, são Bernardo, renunciando ao mundo com a idade de vinte dois anos, transformado num "extraordinário amante da reclusão e da solidão", sonhando que a Cruz fechara a boca de Jesus, disse para si mesmo: "Eu condenarei a minha ao silêncio"[151]. Na abadia de Claraval, quando alguns religiosos consideraram demasiadamente rude o "longo e horrível silêncio" do mosteiro, Bernardo disse a estes monges que "se eles considerassem atentamente o exame rigoroso que o grande Juiz fará das palavras, eles não teriam muitos problemas em se calar"[152].

Em sua "Meditação sobre o silêncio" destinada às Ursulinas de Meaux, Bossuet especifica a análise. Aos seus olhos, há três formas de silêncio: "o silêncio da regra, o silêncio da prudência nas conversas e o silêncio da paciência nas aflições"[153]. Jesus, durante trinta anos, falou apenas uma só vez, no Templo. "Se ele não dizia nenhuma palavra, era para ensinar aos homens a manter o

---

151. BOSSUET. "Panégyrique de saint Benoît". In: *Œuvres*. Op. cit., p. 270.

152. Ibid., p. 271.

153. BOSSUET. "Méditation sur le silence". In: *Œuvres oratoires*. Op. cit., p. 365-366.

silêncio"[154]. Nas ordens monásticas, a regra fixa momentos e horas de silêncio. Alguns "guardam (mesmo) um silêncio perpétuo e profundo, não falando jamais". Os fundadores das ordens, de fato, pensaram "que o silêncio suprimia muitos pecados e falhas". Eles também "previram que a devoção e o espírito de oração não poderiam subsistir sem o silêncio"[155]. Enfim, ele é necessário para manter a caridade, a paz, a união entre os irmãos e as irmãs. Quando se quer reformar um mosteiro, acrescenta Bossuet, é preciso começar pelo silêncio, banir os "desejos de comunicar".

Praticar o silêncio da prudência, é evitar as faltas contra a caridade, é dar prova de um "sábio discernimento". Praticar o silêncio da paciência, é "sofrer em silêncio sob os olhos de Deus". Porque "é o silêncio que santifica nossos calvários e nossas aflições"[156]. Sobre isso, é preciso refletir sobre a atitude de Jesus na ocasião da flagelação e da colocação da cruz de espinhos. Foi dito

---

154. Ibid., p. 366.

155. Ibid., p. 367.

156. Ibid., p. 371 e 377.

que Jesus teria sido a "vítima do silêncio". Ele testemunhou e consagrou isso no curso de sua Paixão[157]. O silêncio protege da cólera, ele é o meio mais rápido para vencer a paixão da vingança, ele é a forma de dominar os "desejos da curiosidade"; Bossuet conclui: "Ao manter fielmente o silêncio, vós sereis vitoriosos em todas as vossas paixões"[158].

O abade de Rancé, em Soligny, instaura e faz reinar o silêncio, ao qual ele dedica a sua 29ª constituição. Muitas das mensagens de Bossuet correspondem às convicções do abade, seu amigo. Segundo o abade, o silêncio condiz com a solidão; sem ele, ela será em vão. O silêncio participa do espírito da penitência, sanciona a separação dos homens. Ele manifesta a ruptura, o desprendimento. Ele é a condição para o esquecimento de si, prova do abandono da preocupação com o corpo. Sobretudo, o silêncio é condição para a oração, prepara para se escutar a divindade. Ele permite o exercício espiritual, acesso a outras línguas diferentes das palavras: as do interior, do além, dos anjos.

---

157. Ibid., p. 378.

158. Ibid., p. 381.

Além disso, de Rancé dá a entender que o silêncio condiz com as meditações sobre as vaidades. Ele permite avaliar melhor, cotidianamente, o fluxo temporal dos dias. Ele antecipa o silêncio da morte. Dessa forma, prepara para a eternidade, a qual domina todos os tempos. É por isso que Chateaubriand considera que o silêncio de Rancé é assustador, pela sua extensão e pela sua profundidade. No leito de morte, o abade gritou: "Resta-me apenas alguns instantes de vida, o melhor que eu posso fazer com eles é permanecer em silêncio"[159]. E foi fiel à sua palavra.

Isso nos leva às naturezas-mortas (*vanités*) muito numerosas no século XVII. Elas traduzem a forte presença, nesse tempo, da meditação sobre a vida, a morte e a eternidade, realizada no silêncio. Naturezas-mortas, escreveu Alain Tapié, melancólicas ao Norte, na esteira da *devotio moderna*, apaixonadas, extáticas ao Sul, outras tantas pinturas que tendem a demonstrar ou, ao menos, lembrar que a vida é um sonho, sublinhan-

---

159. CHATEAUBRIAND, F.R. *Vie de Rancé*. Op. cit., p. 220.

do a inconsistência e a nulidade da criatura. Nestas telas, que exprimem à sua maneira um luto antecipado, existem vários motivos recorrentes de naturezas-mortas que mostram a Natureza em estado de repouso, de tranquilidade e de silêncio. O objetivo da pintura das naturezas-mortas era, ao mesmo tempo, o de estarrecer e de exortar pelo seu silêncio[160].

Desde meados da idade média, um debate instaurou-se acerca dos méritos comparados do silêncio e do ofício, ou seja, do ideal contemplativo e da prática do apostolado. Este debate mergulha suas raízes na página do evangelho que relata a visita de Jesus a Marta e a Maria. A primeira fala e apressa-se, a segunda cala-se e contempla. Uma questão coloca-se aos cristãos: "Seria preferível manter-se em silêncio aos pés do Senhor, no recolhimento de uma intimidade nutrida pela sua presença e pela sua palavra, ou seria melhor empenhar-se em múltiplas

---

160. Sobre as *vanitas*, cf. o belo catálogo *Les Vanités* na pintura do século XVII. Caen: Museu de Belas Artes, 1990. No que nos concerne, cf. esp. TAPIÉ, A. *Décomposition d'une méditation sur la vanité*. • TAPIÉ, A. *Petite archéologie du vain et de la destinée*. • MARIN, L. *Les traverses de la vanité*.

tarefas para o servir, a ele e aos seus"?[161] Segundo Lucas, Jesus parece inclinar-se em favor da primeira opção, uma vez que disse: "Maria escolheu a melhor parte, que não lhe será tirada", atitude do Cristo que valoriza, mais uma vez, o silêncio.

O debate não foi resolvido. Aos monges cabia a parte de Maria, aos clérigos seculares a de Marta, ou seja, os labores da vida ativa. Dito isso, a parte de Maria pareceu, quase sempre, ser a melhor: a vida contemplativa e o seu silêncio pareciam superiores, pois estavam orientadas em direção ao fim último e deveriam encontrar sua realização na vida eterna. No entanto, muito frequentemente, como foi o caso dos franciscanos, a solução consistiu na alternância das duas posturas[162].

Atravessamos, então, dois séculos. Em 1936, o cineasta Léon Poirier, sumariando a vida de Charles de Foucauld, intitula seu filme *L'Appel du silence* e não "*du désert*"; por

---

161. LAMY, M. "Marthe ou Marie? – Les franciscains entre action et contemplation". In: *Le Silence du cloître* – L'exemple des saints, XIV$^{e}$-XVII$^{e}$ siècle. Clermont-Ferrand: Université Blaise-Pascal, 2011, p. 63.

162. Ibid., passim.

isso, evocamos esta figura neste capítulo, embora poderíamos tê-lo feito no capítulo precedente. Após a sua conversão, Charles de Foucauld permaneceu por um tempo em Notre-Dames-des-Neiges, em Ardèche, e, em seguida, passou um tempo como noviço trapista em Akbès na Síria Otomana. Ele sempre foi fascinado por Nazaré onde, em 1897, retirou-se para uma cabana. Em suma, sua formação foi ancorada em dois silêncios, como disse e repetiu ele próprio.

Em sua abundante obra espiritual, oração, noite e silêncio estão estreitamente ligados. Uma noite, pouco após a sua conversão, parece-lhe que Jesus lhe falou. Ele o escuta pedir-lhe que começasse a viver "com a silenciosa Madalena, minha silenciosa mãe e o silencioso José"[163]. Charles de Foucauld desenvolve profundamente os méritos do silêncio. Na ocasião da sua estadia em Nazaré, Jesus ainda se dirige a ele: "Durante estes trinta anos, eu não cesso de vos instruir, não por palavras, mas pelo meu silêncio"[164]. Compreendemos, a partir de então, a desti-

---

163. *Écrits spirituels de Charles de Foucauld*. Paris: J. de Gigord, 1951, p. 120.

164. Ibid., p. 135.

nação última de Charles de Foucauld. Para receber a graça de Deus, é preciso passar pelo deserto, "este silêncio é necessário à alma"[165]. O chamado do deserto é, para ele, o chamado do silêncio. A sua correspondência revela esta convicção: já em 17 de julho de 1901, Charles escreveu a um trapista: "É no silêncio que amamos mais ardentemente: o ruído e as palavras apagam, frequentemente, o fogo interior; fiquemos em silêncio [...] como santa Madalena, como são João Batista, supliquemos a Jesus para acender em nós este grande fogo que tornava a sua solidão e o seu silêncio tão bem-aventurados"[166]. Nós voltaremos a respeito de Nazaré, tal como a sentiu Charles de Foucauld. Observamos, por ora, que transformado em eremita no Saara, junto aos tuaregues, instalado em Tamanrasset desde 1904, onde ele foi assassinado em 1916, Charles de Foucauld não parou de proclamar a felicidade ocasionada pelo silêncio do deserto. Assim, em 15 de julho de 1906, escreveu: "Este deserto é, para mim, profundamente doce [...]

---

165. Ibid., p. 182.

166. Ibid., p. 220.

também é difícil viajar, distanciar-me desta solidão e deste silêncio"[167]. O que ele sempre procurou, confessa, foi ter "uma vida de Nazaré", uma vida de solidão e de deserto"[168].

Os teólogos ortodoxos atribuem ao silêncio um lugar ainda mais decisivo do que o atribuído pelos católicos; infelizmente, seria demasiadamente extenso abordar a complexidade do pensamento e da experiência dos primeiros. Contentemo-nos com alguns lineamentos. A inexprimível paz de Cristo é tecida de silêncio. O fiel deve procurar por toda a sua vida este silêncio e, para o fazer, escutará as vozes dos Padres do deserto. Deus é incognoscível, um absoluto silêncio deve ser mantido a seu respeito; no máximo, é possível mergulhar no silêncio pelo qual ele é cercado. Através da experiência mística, a alma mergulha na "escuridão do silêncio". Assim, abre-se um caminho: inicialmente, entrar em silêncio na sua própria alma, morrer para o mundo, em seguida, entrar em silêncio em Deus, em suma, rea-

---

167. Ibid., p. 235.

168. Ibid., p. 258.

lizar a obscuridade voluntária da inteligência. Obviamente, o monaquismo constitui a via privilegiada de acesso a este silêncio, que é um combate contra os pensamentos, que é renúncia, esquecimento de si. "É silencioso, escreveu Michel Laroche, aquele que renuncia através dele (o silêncio) para afirmar a sua existência"[169]. No curso desta ascese, frequentemente, vertem-se lágrimas; por isso, podemos defini-la pela noção de teologia do silêncio e das lágrimas.

Seria demasiadamente redutor limitar o leque de buscas pelo silêncio às resultantes do desejo de favorecer a escuta de Deus e a experiência mística; os outros capítulos deste livro demonstram-no. Muitas buscas desenvolveram-se fora da esfera do religioso ou em suas margens. Muitos indivíduos compartilharam a convicção enunciada por Margaret Parry: "Se nós quisermos alcançar uma vida autêntica, é indispensável que

---

169. LAROCHE, M. *La Voie du silence* – Dans la tradition des Pères du Désert. Paris: Albin Michel, 2010, p. 86. Esta obra é preciosa na medida em que explica claramente os lineamentos da teologia ortodoxa a respeito do silêncio.

construamos em nós o mosteiro do silêncio"[170]. Isso constitui um *leitmotiv* na obra de Senancour: "É apenas no silêncio das paixões que podemos examinar a nós mesmos", gritou Oberman[171]. Não saberíamos enumerar as diversas ocorrências do diário de Henry David Thoreau que associam o silêncio dos bosques ao aprofundamento da reflexão e da felicidade. Na *Genealogia da moral*, Nietzsche afirma que fazer silêncio é necessário para facilitar a recepção de novas coisas.

Sem dúvida, mais do que qualquer outro, Maeterlinck exaltou as virtudes do silêncio e enalteceu a sua procura; nós voltaremos longamente a ele no capítulo dedicado à experiência amorosa. Segundo ele, "transcendência significa morte" e o mundo visível permanece radicalmente misterioso. Mas no coração da obscuridade interior palpita uma coisa incógnita, "não uma grande claridade", como a que dizem ter visto brilhar os grandes místicos na profundidade da

---

170. PARRY, M. "Le monastère du silence ou la recherche du Verbe" (In: *Le Silence en littérature*. Op. cit., p. 49), a propósito de Charles du Bos, para o qual "a língua da alma é o silêncio".

171. SENANCOUR. *Oberman*. Op. cit., p. 101.

noite, mas "uma coisa desconhecida, como uma promessa enigmática deixada pelo Hóspede divino que, às vezes, vem sentar no silêncio de nossa noite"[172].

No século XX, Francis Ponge exalta o silêncio dos bosques de pinho como o de uma catedral vegetal capaz de favorecer a meditação. Hoje, a necessidade do silêncio, opina Thierry Laurent, perpassa a obra de Patrick Modiano[173]. Esse último apresenta-o como um alento, como uma escapatória para mascarar a desesperança. Daí, uma qualidade tão preciosa e tão difícil de adquirir, que consiste em saber guardar o silêncio.

De uma maneira mais simples, senão mais banal, a busca pelo silêncio traduz-se pela procura por lugares silenciosos. Fiz alusão à busca à qual se dedica Durtal nos romances de Huysmans, onde o silêncio aparece (*Là-bas*, *En route*, *La Cathédrale*, *L'Oblat*).

---

172. In: REYNAUD, J.-P. "La rose des ténèbres – Transparence et mystère chez Maeterlinck". Apud MILNER, M. *Du visible à l'invisible*. Op. cit., p. 135 e 143.

173. LAURENT, T. "Le silence dans l'œuvre de Patrick Modiano". In: *Le Silence en littérature*. Op. cit., p. 61.

E isso é verdade também para Baudelaire e para Proust, como vimos, fora do domínio da ficção. Nos nossos dias, é esta necessidade que inspira a clientela da rede de hotéis *Relais du silence*, o que mostra até que ponto este bem transformou-se em uma preciosidade.

# 4
# Aprendizagens e disciplinas do silêncio

Entre os gregos, o deus Harpócrates é apresentado com um dedo sobre a boca. Com este gesto, ordena que se cale. No curso da história, a injunção de se fazer silêncio é múltipla e banal. Ela implica aprendizagens, pois o silêncio não é evidente por si próprio. Há indivíduos, escreveu Maeterlinck, "que não têm silêncio e que matam o silêncio à volta de deles; e são os únicos seres que passam, verdadeiramente, despercebidos", porque "nós não podemos fazer uma ideia exata daquele que nunca se calou". Diríamos que sua alma não teve personalidade"[174]. A aprendizagem em silêncio é tanto mais essencial porque esse último é o meio pelo qual se formam as grandes coisas. Para que elas, enfim, emerjam, é necessá-

---

174. MAETERLINCK, M. *Le Trésor des humbles*. Bruxelas: Labor, 1986, p. 20.

rio, portanto, aprender o silêncio. "Procura segurar tua língua por um dia, e, amanhã, teus desígnios e teus deveres serão mais claros"![175] Ao contrário, a palavra é, frequentemente, a arte de asfixiar e de suspender o pensamento, o qual trabalha apenas em silêncio. Por todas estas razões, temos medo do silêncio, e passamos uma grande parte da vida, repete Maeterlinck, à procura de lugares onde ele não reina.

A aprendizagem do silêncio e, mais ainda, as formas de o impor são dados registrados e desenvolvidos extensivamente nos dicionários. A *Grande Enciclopédia Universal Larousse do século XIX* enumera e comenta o que se refere às disciplinas e à sua ruptura: "fazer silêncio", "decretar o silêncio", "solicitar o silêncio", "impor o silêncio", "manter o silêncio" e, *a contrario*, "romper o silêncio". Na corte bizantina, indica o autor do verbete, o silenciário tinha por missão garantir o silêncio.

Obviamente, a imposição de se manter o silêncio diz respeito a lugares privilegiados: as igrejas, as escolas, o exército..., assim

---

175. Ibid., p. 15.

como certas circunstâncias que pertencem ao domínio da civilidade, da polidez e da submissão. Não somente o silêncio – ainda em nossos dias – impõe-se no interior das igrejas, dos templos, das mesquitas, mas também, muito frequentemente, nos arredores dessas construções. No coração da igreja, o silêncio é símbolo de respeito, de autocontrole e da capacidade de dominar seus impulsos. Como já vimos, possibilita evitar a distração e a dispersão do espírito. A celebração do culto é, ela própria, escola do silêncio e da evitação de toda agitação. As crianças devem manter-se caladas e, mais ainda, não gritar, no interior da igreja e em sua vizinhança, sobretudo, se se trate das crianças do coro, habituadas ao domínio do corpo exigido pela cenografia da cerimônia.

Aqui, uma cultura somática específica reforça a exigência do silêncio. As posturas de adoração mostram-no, assim como o andar lento em direção ao altar. A partir da segunda metade do século XIX, a prática de Adoração perpétua instituiu-se como uma extraordinária escola do silêncio. O fiel, frequentemente um adolescente, até mesmo uma criança, aluno de uma escola católica (do fundamental ou do ensino médio) tem o dever de adorar, só e em silêncio, na igreja ou na capela do estabelecimento de ensino, a eucaristia exposta no ostensório. Este exercício, associando domínio do silêncio e saber postural, pode durar uma hora.

Durante a missa, mas também nas vésperas, nas completas e nas bênçãos do Santíssimo, os sinais escandem o tempo litúrgico, informando as ordens coletivas, prescrevendo os momentos de silêncio particularmente profundos, ao mesmo tempo em que são injunções posturais. Aplica-se, fora da igreja, a mesma disciplina quando acontecem as procissões. Assim, na ocasião do *Corpus Christi*, escreveu Chateaubriand em *Génie du christianisme*, os silêncios – porque eles são, então, múltiplos – apoderam-se do fiel. Eles diferem do "silêncio piedoso da elevação". "Em intervalos, as vozes e os instrumentos calam-se, e um silêncio tão majestoso como os dos grandes mares em um dia de calmaria reina em meio a esta multidão reunida. Escutamos nada mais do que seus passos compassados sobre as calçadas ressoantes"[176].

---

176. CHATEAUBRIAND, F.R. *Génie du christianisme*. Op. cit., p. 912.

Outro silêncio comovente nas manifestações do culto católico é o dos sinos entre a Sexta-feira da Paixão e o domingo de Páscoa. Inúmeros testemunhos atestam a emoção criada por eles, assim como a produzida pelo estrondo anunciando a Ressurreição. Em Trappe, a fim de ritmar os exercícios, o silêncio dos sinos impõe a utilização da matraca, mais discreta.

Nas instituições escolares, confessionais e mais tarde laicas, o silêncio foi imposto desde o alvorecer dos tempos modernos. Simultaneamente, era visto como uma marca de respeito aos olhos do professor e do diretor da instituição, como símbolo de autocontrole capaz de evitar a dispersão e como condição para a atenção. Calar-se, na verdade, permite escutar bem. Além disso, como destaca Alain, em 1927, o silêncio é contagioso tanto quanto o riso. Portanto, é importante que ele triunfe sobre o seu rival[177]. Jean-Noël Luc demonstrou que, no século XIX, a aprendizagem do silêncio efetuava-se desde o ensino infantil, ou seja, desde o maternal[178].

---

177. ALAIN. *Propos* (20/11/1927). Tomo II. Paris: Gallimard, 1970, p. 716 [Col. *Bibliothèque de la Pléiade*].

178. LUC, J.-N. *L'invention du jeune enfant au XIX$^e$ siècle* – De la salle d'asile à l'école maternelle (1826-

Nos liceus napoleônicos, o sino, a campainha ou o tambor ritmavam os momentos de silêncio e de fala. Do século XVIII à metade do século XX, as injunções de silêncio ultrapassaram a sala de aula propriamente dita. Elas organizam o tempo das refeições, no refeitório, e do repouso, no dormitório. Nos estabelecimentos religiosos de ensino, a prece coletiva, precedente à aula, às refeições e ao sono, prepara o silêncio. Na perspectiva de Michel Foucault, tais disciplinas e as infrações sancionadas por duras punições fazem parte da "tecnologia disciplinar" praticada nesses lugares.

O mesmo vale no exército em que o "silêncio nas fileiras" constitui, ainda nos dias de hoje, uma prática ritual. Nesse meio, saber suportar em silêncio participa da honra e se impõe no peito daquele que, coletivamente, qualificamos como *la grande muette* ("grande muda" = o exército)[179].

---

1887). Universidade de Paris I Panthéon-Sorbonne, 1994 [Tese de doutorado].

179. Trata-se de uma alusão à Terceira República Francesa (1870-1940), período em que os alistados no exército não tinham direitos civis. Por não poderem se manifestar, eram chamados de *muets* – ou

Nestas diversas instituições, a fala no momento indevido e o ruído, como qualquer infração das injunções de silêncio, são considerados como graves indícios de disfunção das ordens. Além disso, em todos os meios, uma série de injunções delimita os limites do que é possível ser dito, prescrevendo a configuração do indizível. Entre os rituais para impor o silêncio afirma-se o "minuto de silêncio", cuja história, segundo os meus conhecimentos, ainda está por fazer. Ele é uma transposição de uma prática religiosa fora da esfera sagrada. Neste processo de dessacralização do silêncio, encontramos, simultaneamente, as mesmas injunções e as mesmas infrações.

Os autores de dicionários enumeram outras obrigações de silêncio registradas ao longo dos séculos. Mas o que eles qualificam como "lei do silêncio" refere-se, mais frequentemente, à manutenção de um segredo. Isso, à guisa de exemplo, encontra-se, segundo eles, no seio das sociedades secretas que impõem o silêncio por juramento, entre

---

seja, mudos – como a instituição era, simultaneamente, grande e muda. Daí a origem do nome *la grande muette* [N.T.].

os aprendizes da franco-maçonaria, entre os mafiosos... Mas este tipo de injunção situa-se fora do nosso objeto.

Vale o mesmo para as disciplinas de silêncio impostas por códigos de etiqueta ou, de uma maneira geral, pela civilidade, profundamente difundida no século XIX pelos "manuais de etiqueta e boas maneiras" dos quais o mais usual, na França, é então o da baronesa Staffe[180]. As crianças, determina-se, devem calar-se na presença dos adultos, sobretudo quando eles têm a palavra. Durante séculos, os serviçais deviam ficar calados, a menos que fossem convidados pelo senhor. No campo, isso também se aplica para as relações entre trabalhadores agrícolas e os seus empregadores. Qualquer transgressão desses códigos cria uma perturbação da ordem que pode ser cômica, como é o caso em diversas comédias de Molière.

Para além destas imposições do silêncio cotidiano, a civilização dos costumes que se desenvolve, ao menos a partir do renascimento, e evidenciada por Norbert Elias,

---

180. BARONNE STAFFE. *Règles du savoir-vivre dans la société moderne*. Paris: Victor-Havard, 1891.

traduz-se pelo peso crescente das injunções de silêncio ligadas a uma interiorização das normas. Thierry Gasnier, em sua bela dissertação intitulada *Le silence des organes*, demonstra a difusão progressiva das interdições de arrotar, de peidar e de tornar perceptível toda manifestação orgânica – a essas, podemos acrescentar a do orgasmo – a tal ponto que chegamos, no século XIX, a qualificar de "doença verde" as inquietações provocadas nas mulheres pelo receio de peidar em público[181]. Assim, a linguagem corporal visa, doravante, o silêncio das atitudes e das palavras; falar das sensações gustativas internas era, desde então, considerado como um atentado à decência. "As linguagens corporais do paladar, escreveu Marie-Luce Gélard, tendem então a um ideal de silêncio e de invisibilidade dos gestos da gustação"[182]. Esse tipo de disciplina pode esten-

---

181. GASNIER, T. *Le silence des organes*. Ehess, 1980 [Dissertação de mestrado].

182. GELARD, M.-L. (dir.). *Corps sensibles* – Usages et langages des sens. Nancy: Presses Universitaires de Nancy, 2013, p. 78-79 e 87. Cf. tb. STEINMETZ, R. "Conceptions du corps à travers l'acte alimentaire aux XVII$^{e}$ et XVIII$^{e}$ siècles". In: *Revue d'Histoire Moderne et Contemporaine*, XXXV-1, 1988, p. 3-35.

der-se à insonorização de toda uma gama de gestos, bem como à do manuseio dos objetos. Georg Simmel, por sua parte, destacou que, a partir do século XIX, a interpelação em meio ao espaço público poderia ser percebida como uma agressão.

No início do século XIX, saber calar-se, saber fazer silêncio, face à barulheira do povo, era uma marca de distinção, assim como falar suavemente. Calar-se é também uma demonstração de que se está disponível a escutar, visto que nesse século de confidência e afinidades eletivas, o silêncio daquele que sabe escutar revela-se profundamente precioso. Saber fazer silêncio, desde meados do século XVII, faz parte das boas maneiras, as quais, em Paris, distinguem do provinciano.

Em meados do século XIX, ocorreu um grande debate sobre a teoria penitenciária. Ele opunha os defensores do sistema celular, chamado "modelo da Pensilvânia", segundo o qual o isolamento impõe automaticamente um silêncio permanente, aos defensores do sistema de Auburn segundo o qual os detentos devem viver e trabalhar em grupo, mas manter o silêncio em meio aos ateliês coletivos. Então, pensava-se que o silêncio trazia em si a esperança de uma introspecção, condição para a reabilitação do condenado. Deste fato, ele é, ao mesmo tempo, sanção, privação da liberdade de expressão e condição para a futura reintegração à sociedade.

Saber calar-se, ser discreto, transforma-se no próprio fundamento da esfera privada em plena ascensão a partir do final do século XVIII. Ela se apoia no segredo ou, ao menos, na estrita delimitação de sua circulação. A configuração da zona do silêncio define a do grupo.

No interior de muitas comunidades, o silêncio é um instrumento de poder. "Recusar-se a ouvir e ver o outro, impedi-lo de deixar sua marca, é condená-lo a uma forma de não-existência"[183]. Recentemente, isso era particularmente claro no seio da sociedade de corte descrita por Saint-Simon. Acerca disso, seria conveniente refletir sobre o silêncio dos historiadores e sobre a configuração do laconismo deles. Isso resulta ora

---

183. CORBIN, A. *Le mot du président, 1848, révolutions et mutations au XIX^e siècle* – Le silence au XIX^e siècle, 1994, p. 16.

da insuficiência do vestígio, ora da recusa a registrá-lo. De qualquer maneira, cabe aos historiadores, na presença de suas fontes, refletir sobre o significado do seu mutismo.

Uma modificação e um enfraquecimento das injunções e das disciplinas do silêncio ocorreram no mundo contemporâneo, embora seja difícil de datá-los, mesmo de forma aproximativa. O mesmo acontece com uma metamorfose acerca dos desejos de silêncio e com uma modificação dos lugares nos quais ele se impunha, bem como daqueles onde era possível desfrutá-lo. Muitos dos benefícios atribuídos, até então, ao silêncio desapareceram, ao passo que, pouco a pouco, produziu-se uma metamorfose nas maneiras de o experimentar.

Desde o início do século XIX, uma diminuição do limite de tolerância ao ruído e ao barulho no Ocidente veio sobrepor-se a todos esses processos. De fato, a história das disciplinas e das injunções do silêncio revela-se extremamente complexa. Durante as primeiras décadas do século XIX, a paisagem sonora, contrariamente à do campo, era, nas grandes cidades do Ocidente, notadamente em Paris, constituída de um incessante barulho – e o limite de tolerância era demasiadamente elevado. Desde a alvorada dos tempos modernos, os gritos de rua de artesãos e comerciantes criavam um zunzum permanente. A música de rua, a de muitos saltimbancos ou tocadores de realejo, não era ainda regulamentada. Máquinas barulhentas encontravam-se instaladas em todos os lugares, em ateliês e em barracas. Jacques Léonard, estudioso deste mundo do ruído, revelou a presença de fundições em andares de imóveis parisienses. Os sinos das igrejas paroquiais, dos conventos e das instituições de ensino somavam-se à barulheira. As carruagens deixavam a rua ainda mais ensurdecedora. Todavia, a partir de meados do século, o limite de tolerância ao ruído abaixou.

Um novo desejo por silêncio traduziu-se progressivamente na formulação de novas exigências. Pouco a pouco, os gritos dos artesãos de rua diminuíram sem, no entanto, desaparecer antes de meados do século XX. Os cartões postais, difundidos durante os anos de 1890, apresentam apenas com nostalgia os "velhos artesãos", os quais, não há muito tempo, ocupavam o espaço sonoro. A música de rua, como foi demonstrado por Olivier Balaÿ a propósito de Lyon, encontrava-se cada vez mais estritamente regulamentada, assim como as atividades barulhentas no interior dos imóveis[184]. No seio das elites, a gritaria e o barulho foram associados a um comportamento popular, considerado como bárbaro, sendo cada vez menos tolerado.

Campanhas de opinião pública solicitam o silêncio; novas regulamentações são criadas e novas disciplinas impuseram-se. No seio das salas de espetáculo e, mais ainda, de concerto começou-se a exigir silêncio, mas isso só se concretizou lentamente. Em 1883, o fotógrafo Nadar popularizou uma campanha contra o ruído dos sinos, principalmente dos que badalam pela manhã bem cedo[185]. Ele definiu o seu barulho como uma verdadeira "insurreição da caldeiraria". Na Suíça, houve uma mobilização

---

184. BALAŸ, O. & FAURE, O. *Lyon au XIX^e^ siècle* – L'environnement sonore de la ville. Grenoble: Cresson/Centre Pierre-Léon, 1992.

185. *Le Cas des cloches* – Soumis par Nadar à M. le ministre des Cultes (– puisqu'il y en a encore un...) et à tous les maires, conseillers municipaux, députés et même sénateurs. Chambéry: Ménard, 1883.

contra o latido dos cães. Cá e lá, até os nossos dias, reclama-se do canto matinal dos galos que perturbam o silêncio da manhã.

A análise dos registros e dos manuais de jurisprudência atesta a modificação das sensibilidades. Dois exemplos serão suficientes para que eu me faça compreender. Os padeiros de Montauban, que, sob a monarquia de julho, tinham por hábito cantar em plena noite para manter o ânimo enquanto trabalhavam, suscitaram a queixa dos seus vizinhos, a qual foi indeferida porque o canto desses trabalhadores era considerado como condição necessária ao bom exercício da profissão. Em contrapartida, um postilhão que, de sua diligência, tocava uma corneta, à noite, ao atravessar as cidades, foi multado: seu modo de agir não pareceu indispensável à sua função.

Pouco a pouco, a partir do fim do século XIX, o ruído liso do pneu substituiu a rodagem das carruagens e das ferraduras dos cavalos. Dito isso, novos sinais sonoros – o apito das usinas e as buzinas dos automóveis – inauguram barulhos, até então, desconhecidos. Esses tipos de ruídos encontraram os seus defensores. No alvorecer do século XX, Luigi Russolo e os futuristas italianos vangloriam os sons das máquinas e dos automóveis, em seguida, os estrondos das armas de guerra. O primeiro considera que o ruído de um automóvel em alta velocidade e o da metralhadora são superiores à *Quinta Sinfonia de Beethoven*[186]. Em contrapartida, vimos que esta nova paisagem sonora incita alguns caminhantes delicados a refugiarem-se no silêncio das igrejas.

Globalmente, a profunda transformação da paisagem sonora domina a história do silêncio e suscita reações que militam a seu favor. Desde o início do século XX, Georg Simmel sublinha que nos trens e nos bondes, frequentemente, os passageiros entreolhavam-se em silêncio, o que não era o caso anteriormente. Desde a metade do século XIX, o transeunte e muitos pedestres apressados não gostavam mais de ser interpelados e as multidões das exposições universais respeitavam outras convenções sociais diferentes das barulhentas de pouco tempo atrás. Em Paris, durante os anos de 1890, grandes

---

186. RUSSOLO, L. *L'Art des bruits* (1916). Lausanne: L'Âge d'Homme, 1975.

cartazes invadiram as fachadas e os quiosques multiplicaram-se, assim como os homens-sanduíches[187]. Tudo isso transformou os bulevares em espaços de leitura, tornando obsoletos os gritos de outrora, cujo propósito era tornar pública uma presença. Sozinhos ou praticamente sozinhos permaneceram os clamores dos vendedores de jornais e a conversa fiada dos vendedores ambulantes.

Os combates da primeira guerra mundial modificaram, no entanto, o sentido, o alcance e as texturas do silêncio. A guerra industrial foi um inferno sonoro, uma grande cacofonia, obcecante e ininterrupta: ruídos das armas e do clarim, gritos de raiva e de sofrimento, estertor dos moribundos misturam-se até o grande silêncio – o silêncio absoluto de 11 de novembro de 1918, o qual sinalizou que o mundo acabava de entrar no após-guerra.

Anteriormente, todo o silêncio era alívio, até mesmo prazer, "condição prévia para um improvável descanso". Nas trincheiras, o

---

187. HAHN, H.H. *Scenes of Parisian Modernity* – Culture and Consumption in the Nineteenth Century. Nova York: Palgrave/Macmillan, 2009.

ruído desperta e o silêncio adormece. Às vezes, impunha-se "uma obsessão paradoxal do silêncio", porque ele era uma anomalia. É o que relata em *L'Angoisse du Poilu* de Marco de Gastyne. "Aprender a decodificar o ruído e o silêncio faz parte da tarefa cotidiana" daquele que se esforça para sobreviver. No momento do ataque, relata Henri Barbusse em *O fogo*, distinguimos muito bem, "em meio ao enorme rumor do canhão", "este silêncio extraordinário das balas à nossa volta". No campo de batalha, a ressonância das vozes faz-se particular e bizarra. Nesses tempos de guerra, o silêncio estava intensamente ligado à realidade da morte e à experiência do luto, o que é demonstrado, à guisa de exemplo, pelos longos silêncios capazes de escandir a toques de clarim em homenagem aos mortos. Durante décadas, o silêncio ritmou as cerimônias comemorativas do 11 de novembro[188].

---

188. BUCH, E. "Silences de la Grande Guerre". In: *Entendre la guerre* – Sons, musiques et silences en 14-18. Paris: Gallimard, 2014 [Historial de la Grande Guerre]. Tomamos emprestado a este belo artigo o essencial que figura no parágrafo, assim como as citações.

No meio da cidade, neste período, painéis para solicitar silêncio começavam a aparecer. Os mais característicos são como aqueles que continham a fórmula: "Hospital: silêncio". Como evocamos essa instituição, assinalamos a revolução operada a partir de meados do século XX. Nela, até então, o grito era bastante tolerado na medida em que o valor cristão do sofrimento, como forma de redenção, era implicitamente admitido. Mas nos hospitais da atualidade, o grito de dor causa escândalo e testemunha, simultaneamente, o fracasso dos médicos e a falta de autocontrole por parte do paciente.

Contrariamente, o grito do prazer sexual, ainda intolerável no século XIX, transformou-se, em nossos dias, em um elemento essencial de muitas sequências de espetáculos cinematográficos e televisivos. As queixas registradas a este respeito por policiais no século XIX, principalmente quando esses gritos eram proferidos por prostitutas, provam esta mutação[189].

Excepcionalmente, consideremos o período atual. Elevar a voz no interior de um

---

189. CORBIN, A. *Les Filles de noce*. Paris: Flammarion, 1982, passim [Col. *Champs Histoire*].

trem é considerado um incômodo sonoro porque os passageiros desejam silêncio. Isso não era o caso até meados do século XX, quando as conversações pareciam normais e até mesmo símbolo de polidez no interior dos vagões. Do mesmo modo, o silêncio durante a viagem de avião é apreciado; rompê-lo pode ser considerado como uma falta de educação. A mesma percepção ocorre nos cinemas.

Mas será que estas exigências de silêncio indicam uma diminuição do limite de tolerância ao ruído? Certamente não. Estes mesmos que, durante o dia, reclamam e gostam do silêncio nos transportes são, às vezes, os mesmos que, na noite anterior, toleravam em uma boate noturna ou em uma sala de espetáculo musical intensidades sonoras desconhecidas até agora na história humana. Tudo se passa como se o silêncio e o bem-estar provocados por ele fossem apenas exigências intermitentes, dependentes dos horários e dos lugares.

# 5
# Interlúdio
## José e Nazaré ou o silêncio absoluto

O silêncio de um homem, José, e ainda o de um lugar, Nazaré, estão estreitamente ligados, e eles são absolutos. O pai adotivo de Jesus permanece totalmente mudo nas Escrituras. Ele é o patriarca do silêncio. É inútil procurar uma só palavra dele nos quatro evangelhos. Quando Jesus ficou para trás em Jerusalém entre os doutores no templo, Maria e José assustaram-se com sua ausência. Todavia, é a mãe e não o pai que lhe dirige reprimendas. Em Belém, José cala-se. Quando recebe em sonho a palavra do anjo que lhe ordena partir para o Egito (Mt 2,13), guarda um silêncio total; em seguida, obedece sem pronunciar uma só palavra. A morte de José em Nazaré é silenciosa. Em resumo, no evangelho de Mateus, José respondeu com o silêncio a tudo o que lhe dizia respeito. Seu silêncio é o coração que escuta, a interioridade absoluta. Em toda sua vida, esse homem contemplou Maria e Jesus, e seu silêncio é a transcendência da palavra.

José ilustra o que Bossuet, no duplo panegírico que ele lhe dedica, qualifica de gravidade e de humildade do silêncio. Para Bossuet, Nazaré era tanto um lugar quanto um tempo, o grande tempo do silêncio. Aliás, em nenhum outro lugar, as emoções silenciosas foram sentidas com tanta força.

Sem dúvida, foi Charles de Foucauld quem meditou mais cuidadosamente sobre o silêncio de Nazaré. Ele desejou colocá-lo no centro de sua reflexão espiritual. Não cessou, em seus escritos, de dizer que desejaria fazer de sua vida uma "vida de Nazaré", ou seja, de humildade, de pobreza, de trabalho, de obediência, de caridade, de recolhimento, de contemplação. Tenta explicar, para melhor revivê-lo, o silêncio desta vida obscura. Maria e José, conscientes de que detinham um admirável tesouro, calavam-se a fim de fruí-lo na solidão e no silêncio de uma vida retirada; e ninguém praticou o silêncio como eles.

Charles de Foucauld ouviu certo dia Jesus dizer-lhe, evocando os instantes finais de sua vida: "Eu não cesso de vos instruir, não por palavras, mas pelo Meu silêncio"[190]. Ele acreditava que foi quando Jesus estava ainda no ventre de sua mãe que o silêncio da adoração deve ter culminado. Maria e José pensavam, segundo Charles de Foucauld, que eles nunca mais teriam "o poder de gozar Dele [...] em um silêncio tão perfeito"[191]. Devido à proximidade do Natal, Charles de Foucauld medita sobre a vida de Maria e José, dividida entre "a adoração imóvel e silenciosa, os afagos, os cuidados zelosos, devotados e bem ternos"[192]. Quando a noite caía – ainda imaginava – Maria e José regressavam, silenciosos e bem-aventurados, para se sentarem diante do berço de Jesus.

---

190. *Écrits spirituels de Charles de Foucauld*. Op. cit., p. 135.

191. FOUCAULD, C. *Nouveaux écrits spirituels*. Paris: Plon, 1950, p. 31.

192. Ibid., p. 49.

# 6
# O discurso do silêncio

O silêncio, frequentemente, é discurso – para além de seu uso tático que discutiremos no próximo capítulo –, mas é um discurso concorrente do proferido oralmente. "A palavra impede o silêncio de falar", escreveu Ionesco em seu *Journal en Miettes*, e Antonin Artaud: "a alma das coisas não está nas palavras"[193].

"Nós falamos apenas nas horas nas quais não vivemos, escreveu por sua parte Maeterlinck, a vida verdadeira, e a única que deixa algum traço, é feita somente de silêncio"; é pelo seu "sombrio poder" que ele nos inspira um medo tão profundo[194]. A língua da

---

193. Cf. JAMMAL, N. "La quête de ce qu'on a perdu". In: QUIGNARD, P. *La Leçon de musique* e *Tous les matins du monde*. Apud *Le Silence en littérature*. Op. cit., p. 219.

194. MAETERLINCK, M. *Le Trésor des humbles*. Op. cit., p. 16-17.

alma é o silêncio. É – a isto voltaremos – o que traz, segundo Charles du Bos, um problema fundamental que é o de traduzir esta linguagem em palavras.

É lícito dizer que a palavra saiu da plenitude do silêncio, e que esse lhe confere sua legitimidade, escreveu Gabriel Marcel, que sublinha, por outro lado, a "qualidade supratemporal do silêncio"[195]. Segundo Max Picard, a palavra que nasce do silêncio "definha quando não está mais em relação com o silêncio", quando ela é "saída do silêncio, da plenitude do silêncio", do qual é somente a outra face, a ressonância. "No silêncio, a palavra retém seu fôlego e se enche novamente de vida original", "em cada palavra, há algo de silencioso que indica a proveniência da palavra" e "quando dois homens conversam, há sempre um terceiro presente: o silêncio, ele escuta"[196].

"A palavra transfigurada é o silêncio. Nenhuma palavra existe em si mesma, ela somente existe pelo seu próprio silêncio.

---

195. MARCEL, G. In: PICARD, M. *Le Monde du silence*. Op. cit. Prefácio, p. XII-XIII.

196. PICARD, M. *Le Monde du silence*. Op. cit., p. 8-10 e 20.

Ela é silêncio, indivisivelmente, no interior da menor palavra", escreveu Pierre Emmanuel em *La Révolution parallèle*[197]. E Jean-Marie Le Clézio, em *L'Extase matérielle*: "o silêncio é a conclusão suprema da linguagem e da consciência"[198]. Pascal Quignard assegura, de sua parte, que "a linguagem não é nossa pátria. Nós viemos do silêncio e fomos desviados quando ainda caminhávamos em quatro patas"[199]. Essa convicção autoriza um empreendimento de reabilitação da linguagem pelo silêncio, tal como preconizada por Wittgenstein, depois de Henry D. Thoreau, o qual estima que, para retomarmos a posse de nossas palavras, por consequência, de nossas vidas, é necessário passar pelo silêncio[200].

---

197. EMMANUEL, P. *La Révolution parallèle*. Paris: Seuil, 1975.

198. LE CLEZIO, J.-M.G. *L'Extase matérielle*. Paris: Du Rocher, 1999.

199. QUIGNARD, P. *Le Vœu du silence*. Paris: Galilée, 2005, introdução.

200. LAUGIER, S. "Du silence à la langue paternelle: Thoreau et la philosophie du langage". In: THOREAU, H.D. *Les Cahiers de l'Herne*, 1994, p. 153s. Sandra Laugier analisa, nesta perspectiva, o *Tractatus logico-philosophicus*, de Wittgenstein.

É o discurso silencioso do Deus da Bíblia que constitui, aqui, a base de nossa reflexão. Escutemos o testemunho daqueles que estão convencidos, não de que Deus se esconde e silencia, mas de que ele fala, sobretudo quando se cala. "Senhor, não nos deixes jamais esquecer, escreveu Kierkegaard, que tu também falas quando tu te calas"[201]. Pierre Coulange destaca o discurso silencioso de Deus em um capítulo magnífico, definindo a noção de "silêncio de transcendência", "grandeza de Deus que se revela não na ação ou na palavra, mas simplesmente em sua visita, em seu voo, se podemos expressar-nos assim"[202]. O exemplo supremo disso foi o silêncio primordial que precedeu a Criação, pois "antes da realização desta obra grandiosa *era o silêncio que reinava*, um silêncio impressionante como se fosse uma reflexão acerca do universo por nascer"; então voou o espírito, as trevas e o silêncio envolveram todas as coisas[203]. Os Salmos retomam esta

---

201. KIERKEGAARD, S. *Papiers*. Apud COULANGE, P. *Quand Dieu ne répond pas* – Une réflexion biblique sur le silence de Dieu. Paris: Cerf, 2013, p. 207.

202. COULANGE, P. *Quand Dieu ne répond pas* – Une réflexion biblique sur le silence de Dieu. Op. cit., p. 162.

203. Ibid., p. 164.

linguagem silenciosa da Criação, e Pierre Coulange cita as numerosas manifestações que colorem a Bíblia com o discurso de um Deus que se oculta dos olhares, como no Novo Testamento, no caso do episódio dos discípulos de Emaús. No século XVI, João da Cruz sublinhou a presença da palavra silenciosa de Deus ouvida na quietude do silêncio da noite obscura.

São numerosos os que experimentaram o silêncio como discurso não proferido. Victor Hugo escreveu, em *As contemplações*, que "tudo fala" na Criação: o ar, a flor, o talo da erva...

> Do astro ao ácaro, a imensidão
> escuta-se [...]
> Tu crês que a água do rio e as árvores
> dos bosques
> Se não tivessem nada a dizer elevariam
> a voz? [...]
> Tu crês que o sepulcro, vestido de grama
> e de noite,
> Não seja nada além de um silêncio? [...]
> Não, tudo é uma voz e tudo é um
> perfume
> Tudo no infinito diz alguma coisa a
> alguém [...][204].

---

204. HUGO, V. "Ce que dit la bouche d'ombre". In: *Les Contemplations*. Op. cit., p. 507-508 e 520.

Nós escutamos o ruído do raio que
Deus lança
A voz do que o homem chama de
silêncio[205].

Maeterlinck não cessa de repetir sua fascinação pelo discurso do silêncio. "Desde que tenhamos verdadeiramente alguma coisa a dizer-nos, somos obrigados a calar-nos. [...] Ao falar, algo nos previne de que as portas divinas se fecham em alguma parte. Somos também bastante avaros do silêncio"[206]. Esse fala particularmente no infortúnio; é então que ele nos abraça e que "os beijos do mal-aventurado silêncio não podem mais ser esquecidos"[207]. Nós voltaremos detalhadamente ao discurso do silêncio no amor.

A força do discurso do silêncio foi frequentemente proclamada. A linguagem, escreveu Merleau-Ponty, "vive somente do silêncio: tudo o que nós atiramos aos outros germinou neste grande país mudo que não

205. HUGO, V. "Pleurs dans la nuit". In: *Les Contemplations*. Op. cit., p. 520.

206. MAETERLINCK, M. *Le Trésor des humbles*. Op. cit., p. 16.

207. Ibid., p. 18.

nos deixa"[208]. Sejamos mais específicos: o laço entre a palavra e o silêncio foi analisado em múltiplos domínios: na música, na eloquência, na escrita, principalmente poética, na pintura, no cinema...

Pascal Quignard dá voz ao mestre Tch'eng, em *La Dernière leçon de musique de Tch'eng Lien*: após ter convidado seu aluno a escutar os menores sons, os do vento nos ramos, do pincel sobre a seda, da urina de uma criança sobre os tijolos, ele declara ao fim do dia: "Hoje, fiz muita música. Vou lavar as orelhas no silêncio". M. de Sainte Colombe, o músico personagem central de *Todas as manhãs do mundo*, fez voto de silêncio, túmulo dos arrependimentos. Como seu amigo, o pintor Baugin, foi persuadido de que pintar é, primeiramente, calar-se. A pintura nasce no silêncio. No mundo interior da música, tal como da pintura, toda busca "só pode conduzir à intimidade mais profunda, ao silêncio"[209].

---

208. MERLEAU-PONTY, M. "Signes". Apud NAZAROVA, N. *Le Silence en littérature*. Op. cit. Introdução, p. 7.

209. QUIGNARD, P. *La Leçon de musique e Tous les matins du monde*. Apud JAMMAL, N. *La quête de ce qu'on a perdu*. Op. cit., p. 219 e 225.

Ora, a *muta eloquentia* da pintura foi particularmente estudada. Trata-se de um objeto hoje documentado em abundância, que, aqui, apenas podemos esboçar. "A imagem é silêncio que fala", escreveu Max Picard, ela "lembra ao homem a existência que precedeu a palavra, e é por isso que a imagem emociona tão fortemente"[210]. Segundo Lessing, a pintura é poesia muda. Mais tarde, Eugène Delacroix confidencia: "O silêncio impõe-se sempre [...]. Eu admito minha predileção pelas artes silenciosas, por estas coisas mudas das quais Poussin dizia que professava. A palavra é indiscreta; ela vem procurar-vos, solicita a atenção [...]. A pintura e a escultura parecem mais sérias: é preciso ir até elas"; o "charme mudo" da pintura "opera com a mesma força e parece crescer todas as vezes que se lança sobre ela o olhar"[211].

Paul Claudel consagrou uma de suas obras, intitulada *L'oeil écoute*, a esta eloquência muda da pintura. Ele analisa a pintura holandesa cujos quadros de paisagem são, a seus olhos, "fontes de silêncio". "Temos

---

210. PICARD, M. *Le Monde du silence*. Op. cit., p. 65.

211. DELACROIX, E. *Journal* (1822-1863). Paris: Plon, 1980, p. 476-477.

aqui, escreveu a propósito de um quadro de Van de Velde, uma destas pinturas que mais escutamos do que olhamos" e, a propósito de uma obra de Vermeer: "Ela está repleta deste silêncio do momento presente". A todos os espetáculos que a pintura holandesa propõe, acrescenta-se, segundo Claudel, um elemento essencial que é o silêncio, e esse "permite conhecer a alma, ao menos escutá-la"[212].

Rembrandt, sem tê-lo inventado, soube dar importância ao laço entre o vazio, o espaço puro, e o silêncio que se desprende de um objeto que monopoliza o olhar. Nestes quadros, o silêncio é "convite a lembrar-se". Quanto ao *Ronda da noite*, um dos elementos da fascinação, suscitado por ele, está no fato de que é "repleto de um estranho barulho mudo". Rembrandt em *A montanha com a tempestade se aproximando* (*Paysage d'orage*) captou o momento quando, antes do trovão e do relâmpago, a tempestade se anuncia por um "espessamento do silêncio", tal como o que experimentamos ao final de uma peça de órgão[213].

---

212. CLAUDEL, P. "L'œil écoute". In: *Œuvres en prose*. Op. cit., p. 173, 179 e 189.

213. Ibid., p. 196, 203 e 253.

Contemplando os vitrais, Claudel abjura a alma cristã e lhe diz: "Tal é teu silêncio"[214]. Nas *Conversations dans le Loir-et-Cher*, critica a maneira de empilhar as cerâmicas nos museus, enquanto cada uma delas chama, ao redor de si, "uma certa extensão de solidão e de silêncio"[215].

Marc Fumaroli é, de todos os especialistas da história do Grande Século[216], o que mais impulsionou a análise desta escola de silêncio, constituída pela pintura desse tempo. "As artes da imagem silenciosa falam", resume ele, após ter estudado a *muta eloquentia* na pintura de Nicolas Poussin, retomando assim a leitura que dela fez Delacroix[217]. Por isso, os pintores amam a solidão e o silêncio quando criam. Segundo Marc Fumaroli, o Santo Sudário de Turim representa, com maior força, "a sonoridade das palavras não pronunciadas"[218]. Ele é a

---

214. Ibid., p. 332.

215. CLAUDEL, P. "Conversations dans le Loir-et-Cher". In: *Œuvres en prose*. Op. cit., p. 891.

216. Trata-se do século XVII francês [N.T.].

217. FUMAROLI, M. *L'École du silence* – Le sentiment des images au XVII^e siècle. Op. cit., p. 191.

218. Fómula de Paul Claudel. Cf. CLAUDEL, P. "Conversations dans le Loir-et-Cher". Op. cit., p. 194.

síntese da palavra interior ligada à palavra divina; é a palavra proferida projetada no mundo sensível, no seio do qual corre o risco de degradar-se a palavra que é escutada silenciosamente. Com efeito, segundo Pascal, "a palavra cristã é ainda mais vigorosa, pungente, próxima de sua fonte divina" quando ela é "fiel a seu silêncio" e quando ela se mantém na ordem da *oratio interior*. O silêncio, comenta Marc Fumaroli, não é uma perda de palavra, mas um recuo da fala para seu espaço mais original, mais ressonante[219]. A pintura dos gestos silenciosos dos heróis reveste então um grande poder semântico. Ela se faz dramaturgia da palavra muda proposta para a meditação do espectador. Aqui, regressamos ao trabalho sobre as imagens interiores proposto, como já vimos, nos "exercícios espirituais".

Durante séculos, principalmente no XIX, as imagens pias dos mistérios gozosos, dolorosos e gloriosos que fundamentaram a recitação do rosário, inscreviam-se nesta perspectiva de busca meditativa associada ao silêncio. No século XVII, a poesia silenciosa das imagens

---

219. Ibid., p. 195-196.

e a pintura falante dos discursos revezavam-se conscientemente uma após a outra[220]. É preciso compreender bem que, nesse tempo, os espectadores olhavam o quadro de um jeito diferente do nosso. Eles o contemplavam com fervor. Eles esperavam uma conversação silenciosa capaz de os inspirar em suas práticas de piedade. Hoje, dirigimos ao quadro somente um olhar submetido a uma reflexão de ordem estética. Ora, o trabalho mais essencial do historiador é reencontrar o olhar antigo e explicá-lo a seus leitores. A pintura das personagens solitárias, principalmente, produzia um "efeito de silêncio", que era um irresistível convite à meditação; e Marc Fumaroli enumera e analisa certos quadros particularmente carregados de fortes enunciações silenciosas.

A personagem de Huysmans, Durtal, que podemos considerar como um sósia do autor, estima que os pintores flamengos, preocupados com seu labor, "obcecados pelas lembranças da terra, [...] permaneciam [...] homens". Não haviam recebido esta escultura especial que somente pratica-se no

---

220. Ibid., p. 237.

silêncio e na paz do claustro. Fra Angelico, em contrapartida, sublinha Durtal, soube aceder ao "domínio seráfico" no qual navegava, abrindo "seus olhos fechados pela prece somente para pintar". Fra Angelico "jamais olhara para o exterior [...] jamais vira algo além de si"[221]. Isso explica a força do silêncio em suas obras.

Yves Bonnefoy deteve-se longamente diante a *Ressurreição* de Piero della Francesca. Essa obra, segundo ele, incita particularmente ao silêncio. Ela nos obriga a escutá-la para não a privar dos bens de seu longo amadurecimento. O quadro, aos olhos de Bonnefoy, difere dos que, no *Quattrocento*, impõem o silêncio da perspectiva, resultante das "simples relações entre proporções e formas". Em contrapartida, sublinha Yves Bonnefoy, o silêncio de Piero della Francesca é o da "evidência do mundo, frufrulhante em vibrações, em rumores, com o reflexo do céu azul na água dos charcos"[222].

---

221. HUYSMANS, J.-K. *La Cathédrale*. Op. cit., p. 166-167.

222. BONNEFOY, Y. *L'Inachevable* – Entretiens sur la poésie. Paris: Albin Michel, 2010, p. 267-268 e 270.

As cenas da Anunciação frequentemente foram, e com razão, interpretadas como totalmente dominadas por um silêncio paradoxal. Apesar das palavras do arcanjo – mas, elas foram proferidas? – e da breve resposta, um profundo silêncio reflete o silêncio do interior da alma de Maria. Ele só será rompido, mais tarde, pelo canto do "Magnificat". Em uma perspectiva próxima, Marc Fumaroli analisa com grande talento os silêncios da *Virgem dos rochedos* de Leonardo da Vinci, considerada por ele a obra-prima absoluta da arte cristã. Nos silêncios das personagens, tudo aqui "é pressentido antecipadamente, consumado e contemplado à distância"[223]: a Anunciação, a Natividade, o Batismo e a Cruz.

Um pequeno quadro de Rafael, exposto no Louvre, foi intitulado *a posteriori* de *Silêncio da Virgem* (*Silence de la Vierge*). Ele mereceria uma análise da mesma natureza da que Marc Fumaroli consagrou à *Virgem dos rochedos*. Retornaremos ao *São José* (*Saint Joseph*) de Georges de La Tour e à profundida-

---

223. FUMAROLI, M. *L'École du silence* – Le sentiment des images au XVII^e^ siècle. Op. cit., p. 359.

de silenciosa da conversação que ele impõe ao espectador. Esse pintor, escreveu ainda Marc Fumaroli, "concilia este traço francês de nunca exagerar, esta reserva que garante a intensidade e a interioridade", característica permanente da "espiritualidade galicana"[224].

Como vimos, Paul Claudel considera a obra de Rembrandt como uma pintura do silêncio. De fato, em seguida, foram muitos os artistas que podemos qualificar de pintores do silêncio, a tal ponto que é difícil estabelecer a lista. Todavia, tentemos. As naturezas-mortas, repetimo-lo, são marcadas por um silêncio reforçado por aquele das naturezas mortas que elas representam, pintura da "ontologia do nada", escreveu Louis Marin, a ser buscado no silêncio das coisas. Os quadros de naturezas-mortas impõem um olhar mudo, silencioso. Convidam o espectador a uma parada em suas atividades cotidianas, à contemplação do fim de sua existência, à antecipação da morte. Simultaneamente, eles fazem ressurgir o espectro de sua história pregressa. Sublinhamos, a este propósito, a força excepcional do *Memento mori* de Phi-

224. Ibid., p. 518.

lippe de Champaigne, exposto no museu do Mans. Maria Madalena e são Jerônimo são as personagens típicas desta pintura das naturezas-mortas, escola de silêncio.

Vários pintores, da primeira metade do século XIX, impuseram, intensamente, o discurso do silêncio, notadamente Caspar David Friedrich, o qual, segundo Anouchka Vasak, nos comunicou "uma experiência muda do horizonte". Assim, *Viajante sobre o mar de névoa* designa toda uma série de emoções, no maior dos silêncios, e este discurso mudo age sobre o espectador. Como escreveu ainda Anouchka Vasak, "o viajante, que, ao mesmo tempo, me representa, oculta-se de mim como outro [...]. Ele me mostra que não vejo tudo, e que desejo ver, mas ver supõe uma parte deixada na obscuridade"[225]. O que percebemos no quadro de Friedrich é o que vemos quando contemplamos uma paisagem em silêncio. Além disso, as personagens da pintura comunicam sua admiração com uma imobilidade muda. Elas demons-

---

225. VASAK, A. *Météorologies* – Discours sur le ciel et le climat, des Lumières au romantisme. Paris: Champion, 2007, p. 464-465.

tram um recolhimento que traduz o *pathos* religioso da contemplação autêntica da natureza. Certas páginas do diário de Caspar David Friedrich dizem, ademais, sobre a necessidade experimentada pelo pintor de escutar sua voz interior, antes de trazer à luz, em sua obra, o que ele viu no silêncio e na obscuridade.

A fim de ilustrar meu argumento com uma gama de silêncios pintados, escolhemos alguns quadros do museu de Orsay, datados, consequentemente, da segunda metade do século XIX, guardados na memória de qualquer um: o *Angelus* de Millet e o silêncio recolhido dos camponeses piedosos, o silêncio sensual de *O nascimento de Vênus*, de Bouguereau, o silêncio maternal de contemplação do *Berço* de Berthe Morisot, o silêncio do desespero e da comunicação impossível de *O absinto* de Degas e, por último, um outro silêncio de duas solidões, *O Homem e a Mulher* de Pierre Bonnard.

Permanece o fato de que, nesse tempo, foram os simbolistas que aprofundaram melhor a representação do discurso do silêncio, e, sobre isso, não cessaríamos de enumerar as obras que o atestam. Fernand Khnopff pinta explicitamente *O silêncio*: uma mulher de luvas põe dois dedos no canto de sua boca. Nas obras desses simbolistas, o silêncio é frequentemente acompanhado do envolvimento por um véu ou pela escuridão da noite. Ele acentua o desapego da personagem que, no recolhimento, busca a verdadeira realidade. Detenhamo-nos sobre a bem-conhecida obra de Arnold Böcklin (1878) intitulada *A ilha dos mortos*. Nela, o silêncio é sufocante, a própria canoa que leva até a ilha é dele prisioneira. Simultaneamente, o quadro simboliza o silêncio e a irrevogabilidade da morte. No *Orfeu no túmulo de Eurídice*, de Gustave Moreau, o silêncio está em toda parte. "O cantor sagrado cala-se para sempre. A grande voz dos seres e das coisas foi extinta"[226].

Muitos outros artistas simbolistas fazem referência explícita ao silêncio no título de suas obras. Citemos, além do pastel de Fernand Khnopff, a série intitulada *A voz do silêncio* (*La Voix du silence*) (1903) de Fran-

---

226. *Le Symbolisme en Europe*, 1976, p. 141 [exposição no Grand Palais]. Esse catálogo é essencial para nosso propósito. Nele se encontram as obras enumeradas neste livro.

tišek Kupka. Quanto a Maurice Denis, ele batizou de *Silêncio* a sua residência na praia de Trestrignel em Perros-Guirec.

Mais tarde, os especialistas detectaram, nas obras dos surrealistas, uma outra forma de evocação do silêncio. Assim, *O império das luzes* de Magritte é, em primeiro lugar, uma pintura de um profundo silêncio. Giulia Latini Mastrangelo analisou cuidadosamente a maneira pela qual o silêncio estende-se sobre inúmeras telas de Dali, e nelas, faz-se pungente. *Enigma* (*Énigme*), datado de 1982, representa uma estátua antiga a anunciar um silêncio eterno e total. Quando Dali pinta *À beira-mar* (*Au bord de la mer*), 1932, representa uma extensão solitária dominada pelo silêncio. "Nesta solidão, (Dali) produz um quadro cuja paisagem, através do silêncio, comunica-se com a nossa solidão e com o nosso silêncio"[227]. Dali parece aqui se inspirar em um poema, muito contemporâneo, de García Lorca:

> Ouça, meu filho, o silêncio.
> É um silêncio ondulado,

---

227. MASTRANGELO, G.L. "Le silence, voix de l'âme". In: *Le Silence en littérature* – De Mauriac à Houellebecq. Op. cit., p. 117.

Um silêncio
Onde resvalam ecos e vales
E que faz inclinar as testas
Em direção ao solo[228].

Nos nossos dias, cada um sente, na presença de várias telas de Hopper, que o artista pinta, antes de qualquer coisa, o silêncio, o das estradas, das ruas, das casas, sobretudo o que se instaura ou reina entre as pessoas. Retornaremos a isso.

A discussão acima, e que fala da pintura como escola de silêncio, é, evidentemente, muito sumária. Seria preciso acrescentar muitos nomes à lista aqui esboçada, deter-se sobre o silêncio das coisas na obra de Chardin, citar os pintores que se calaram para escutar as menores vibrações da natureza, como os da escola de Barbizon e, principalmente, Théodore Rousseau, aqueles que, tal como Van Gogh, foram capazes de sugerir o silêncio de obras vazias, sem esquecer os que se detiveram sobre as situações privilegiadas de silêncio.

De minha parte, lembro-me de uma experiência capaz de provar como o silêncio

---

228. LORCA, F.G. "Le silence". In: Ibid., p. 116.

de um lugar permite deixar-se penetrar pelo silêncio das pinturas. Por um acaso qualquer, encontrei-me sozinho, durante uma hora, em uma pequena sala de um museu de Harvard, contemplando uma série bem-conhecida de Cézanne, representando maçãs. Não sei por qual negligência, deixaram-me lá, sem ninguém para me interromper, em uma solidão e um silêncio absolutos, diante dos quadros. Muitas vezes, eu os estudara em reproduções, mas, nesta ocasião, senti que uma comunicação silenciosa se estabelecera, modificando e aprofundando a apreciação.

Aquilo que liga o silêncio à escrita fascinou muitos autores. A vertigem da página em branco está impregnada de silêncio, um elo entre o nada e a criação. Em um nível diferente, no Gênesis, o que precede a Criação é uma silenciosa página em branco. Escrever é irrisório, considera Maurice Blanchot: "Um dique de papel contra um oceano de silêncio. O silêncio – só ele tem a última palavra, apenas ele detém o sentido disperso por intermédio das palavras. E é em sua direção, no fundo, que nós nos encaminhamos [...], aspiramos [...] quando escrevemos. Guardar o silêncio: é o que, sem o saber, todos nós queremos ao escrever"[229]. O espaço criador é a página em branco. É exatamente o que percebe François Mauriac: "Toda grande obra nasce do silêncio e a ele retorna [...] como o Ródano atravessa o Léman, um rio de silêncio atravessa a região de Combray e o salão dos Guermantes, sem se fundir a eles"[230]. Não terminaríamos de citar os escritores cuja escrita é uma escola de silêncio e que ensina ao leitor a analisá-lo em suas diversas modulações. Sobre isso, detenhamo-nos na bela análise à qual se dedica Michael O'Dwyer a propósito do *Thérèse Desqueyroux* de Mauriac, verdadeira propedêutica do silêncio destinada ao leitor. Nela, ele realça nada menos que dez formas de silêncios ligados à palavra: silêncios que traduzem o aniquilamento do sujeito ou a incomunicabilidade entre os seres, silêncio que entrega o sujeito às "trevas de seu ser", silêncio que é uma viagem interior, silêncio

---

229. BLANCHOT, M. *L'Espace littéraire*. Apud SIMON, G. *La transcendance du silence chez Sylvie Germain*, p. 103-104.

230. MAURIAC, F. Apud HECHAM, C. *Le silence et la littérature dans les œuvres autobiographiques de François Mauriac*, p. 329.

ameaçador do outro que remete ao nada, silêncio criado para resistir ao tumulto do mundo e, no que mais precisamente nos concerne, o silêncio da reflexão, silêncios sugestivos capazes de dizer o indizível. Para Mauriac, o drama humano é, quase sempre, consubstancial ao silêncio. "O drama de um ser vivo, escreveu ele, quase sempre se desenrola e termina no silêncio"[231].

Como evocamos, anteriormente, a escritura como escola de silêncio, voltemos e leiamos alguns versos de Albert Samain presentes no *Au jardin de l'infante* e que ilustram a fórmula de Gaston Bachelard: "As grandes ondas de silêncio vibram nos poemas"[232].

> Eu sonho com versos doces e íntimos
> cantos,
> Versos a roçar a alma, assim como as
> plumagens,
>
> Versos louros nos quais o sentido fluido
> liberta-se
> Como os cabelos de Ofélia sob o rio

---

231. Cf. O'DWYER, M. *Le leitmotiv du silence dans Thérèse Desqueyroux*, p. 23.

232. BACHELARD, G. *La Poétique de l'espace*. Op. cit., p. 164.

Versos silenciosos, sem ritmo e sem
trama
Nos quais a rima sem ruído desliza
como um remo.

Nenhum dos silêncios, listados neste livro, encontra-se presente aqui. Este poema é somente, segundo Patrick Laude, escola de silêncio, escrita de uma música de silêncio que nos conduz à "introversão sobre o silêncio estático da substância da alma"[233].

O cinema como escola de silêncio mereceria uma série de volumes, uma vez que ele é tão labiríntico. Alguns recursos específicos, revelados pelos especialistas, permitem sugerir várias diretrizes. O silêncio traz um desafio aos cineastas. De fato, eles precisam encarnar o que, à primeira vista, é irrepresentável, pertencente ao domínio do implícito, da insinuação, do subentendido, escreveu Nina Nazarova[234]. Mas, afinal, o problema coloca-se da mesma maneira aos pintores e aos dramaturgos.

---

233. Apud LAUDE, P. *Rodenbach* – Les décors de silence. Op. cit., p. 15-16.

234. NAZAROVA, N. *Le Silence en littérature*. Op. cit. Introdução.

O cinema mudo foi capaz de transmitir, com grande intensidade, as emoções e os sentimentos. Isso todo mundo sabe e sonha com as silenciosas aparições de Drácula ou do monstro de Frankenstein nos filmes mudos de Murnau, na face tão expressiva da Jeanne de Dreyer, sem esquecer a maravilha do amor nos filmes de Charlie Chaplin. O corpo falante do cinema mudo foi o objeto de numerosas obras. O grito de Fay Wray na mão de King Kong é o mais silencioso da história do cinema. Ele prova que o silêncio, no cinema mudo, é uma matéria, um dado sensível. Todavia, destacamos que, nesses filmes, são os corpos que falam, mais do que o silêncio; e eles se expressam de uma forma enfática graças à maquiagem, à gestualidade, e a tudo aquilo que pertence à mímica.

Por ocasião do advento do cinema falado, os corpos foram, em parte, separados da palavra. Por outro lado, não esqueçamos que, geralmente, os filmes mudos eram acompanhados por uma música ilustrativa e por intertítulos. Isso conduz Paul Vecchiali a afirmar que os verdadeiros silêncios estão no cinema falado[235], sem esquecer que a

235. VECCHIALI, P. In: *Vertigo*. Op. cit., p. 94.

música do filme está ligada ao silêncio que a condiciona.

De fato, a escrita cinematográfica foi, durante muito tempo, extremamente sutil: o silêncio do cinema falado "age como uma câmara de ressonância para tudo ao seu redor, ele se enriquece através do estrondo que o precede, da estridência que lhe sucede ou do silêncio mais profundo que o enquadra"; ele nos fala, "quer ele seja tranquilizador ou insuportável, denso ou desértico"[236]. Cabe ao cineasta suscitar a experiência do silêncio. Alain Mons assegura que no *Blow-up* de Antonioni "um ruído imaginário do silêncio é visível"; a "coreografia dos toques", a tensão "entre o silêncio e o grito possível" alimentam, aqui, "o silêncio barulhento do visível". Acrescentemos o que pode parecer um detalhe: o cinema revelou, às vezes, o silêncio do animal, ao mesmo tempo que seu olhar, demonstrando a "vitalidade silenciosa do tempo bestializado", o silêncio de uma vaca que vos olha, de um gato que parece sonhar e o zumbido intenso das moscas[237].

---

236. SALVADOR, T. In: Ibid., p. 83.

237. MONS, A. "Le bruit-silence ou la plongée paysagère". In: MOTTET, J. (dir.). *Les Paysages du cinéma*. Seyssel: Champ Vallon, 1999, p. 244 e 246.

Isso significa que os filmes são, cada vez menos, falantes neste domínio. A escrita cinematográfica do silêncio, repetimos, era completamente sutil e o espectador de hoje deixou, geralmente, de apreciá-la.

# 7
# As táticas do silêncio

Deixemos o silêncio destinado a favorecer o recolhimento, a reflexão interior, para nos concentrarmos sobre seu papel nas relações sociais, sobre suas vantagens e sobre seus inconvenientes, sobre suas relações com a autoimagem e sobre a sua contribuição para a busca da distinção. Em resumo, sobre as estratégias aconselhadas pelos moralistas e, mais largamente, por todos aqueles que refletem sobre os benefícios e sobre os prejuízos do silêncio em uma vida não solitária.

A arte de calar-se constituiu-se no objeto de muitas obras e suscitou numerosos aforismos desde o fim do século XVI. Certamente, em relação a isso, a espiritualidade não esteve sempre ausente. O mutismo de Jesus nos Evangelhos põe o silêncio em sociedade como uma virtude; assim, Inácio de Loyola prega uma arte de calar-se modelada sobre o silêncio crístico. Em 1862, lia-se ainda no *Dictionnaire de Théologie Morale* que o silêncio deve, antes de tudo, ser considerado como uma virtude: esta consiste em falar apenas o que convém, "antes pouco do que muito, porque é difícil falar muito sem dissipar-se e pecar", ora "o pecado é mortal quando não se sabe manter um segredo e quando dizemos coisas prejudiciais a outrem"[238].

A antiguidade forneceu exemplos de silêncios significativos. Salomão, no seu livro Provérbios, assegura que, "aquele que se cala passa por sábio, e por inteligente aquele que fecha os lábios". Trancado no Érebo, Ajax objeta a Ulisses com um silêncio trágico, quando esse último evoca a querela que os opôs, a propósito da herança das armas de Aquiles, conduzindo o primeiro ao suicídio. Dido, neste mesmo lugar, responde a Enéas com um silêncio terrivelmente poderoso. E o silêncio foi abundantemente pregado pelos estoicos.

Aristóteles pensava que o silêncio sempre trazia com ele sua recompensa. Sêneca

---

238. PIERROT, J.-É. *Dictionnaire de Théologie morale*. Tomo 32, 1862, verbete "Silence". • MOULIN, É. *Le Silence*. Op. cit., p. 59-60.

fazia dele uma virtude do sábio. Publílio Siro redigiu numerosas máximas sobre o silêncio. Segundo ele, "vós deveis calar-vos, ou vossas palavras devem valer mais que vosso silêncio". Quanto a Dionísio Catão, ele afirma: "Não há perigo em calar-se, pode existir ao falar".

Nos tempos modernos, a convicção segundo a qual arrisca-se menos em calar-se do que em falar foi, sem parar, repetida. Ela deriva do modelo cortesão. A raiz da certeza de que a palavra constitui um risco está de acordo, inicialmente, com as injunções que regem a sociedade de corte. Assim, os grandes textos que, do século XVI ao XVIII, tratam da arte de calar-se ilustram o processo civilizador, evidenciado por Norbert Elias. Esses textos estão de acordo com a interiorização das normas que os caracterizam.

Mais do que o muito renomado *O cortesão* de Baltasar Castiglione foi *L'Homme de cour* de Baltasar Gracián que constitui a matriz da arte de calar-se. Contudo, o primeiro a esboça, aqui e ali, em sua obra. Assim, ele aconselha o cortesão a não ser demasiadamente tagarela. Intrometer-se temerariamente na conversação ante um senhor sem ser solicitado, era o equivalente a colocar-se em perigo. Frequentemente, nesta circunstância, o grande, para humilhar aquele que tomou a palavra indevidamente, evita responder-lhe. Assim, ele se demonstra o mestre do silêncio. O cortesão deve sempre refletir antes de dizer o que lhe vem à cabeça. Aqueles que demonstravam um excesso de loquacidade, rapidamente, tornam-se "estúpidos e indiferentes". Romper o silêncio implica levar em conta, de uma só vez, o lugar onde se encontra, o momento, assim como a necessária modéstia. Durante a conversação, convém ritmar seu silêncio a fim de permitir que o outro fale e poder "refletir para objetar"[239].

O jesuíta Baltasar Gracián em seu *L'Homme de cour* (tradução francesa de 1684) amplia a reflexão sobre as táticas do silêncio, qualificado, por ele, de "santuário da prudência", ou seja, da moderação, da modéstia e da discrição. O homem sábio deve saber exercer o autocontrole. O autor sofreu,

---

239. CASTIGLIONE, B. *Le Livre du courtisan*. Paris: Garnier-Flammarion, 1991, p. 132 e 162 [Ed. em língua portuguesa: CASTIGLIONE, B. *O cortesão*. São Paulo: Martins Fontes, 2019].

a este respeito, a influência de Sêneca e de Tácito, assim como das máximas espanholas, então muito em voga. Quando se encontra com desconhecidos, todo indivíduo deve, inicialmente, "sondar o terreno". Não se deve jamais falar de si mesmo e evitar sempre as lamentações. Sobretudo, "não convém querer falar apenas para escutar a si próprio"[240].

Conversar, ou seja, estabelecer relação com outrem, é uma arte, "uma escola de erudição e de polidez"; por meio disso, o homem é capaz de demonstrar o seu valor[241]. "Quem é rápido para falar está sempre a ponto de ser vencido e convencido". Baltasar Gracián ainda foi além: "As coisas que queremos dizer não devem ser ditas, e as que são boas para dizer não são boas para

240. GRACIÁN, B. *L'Homme de cour* [precedido por um ensaio de Marc Fumaroli]. Paris: Gallimard, 2010, máxima XLII, p. 326; máxima CXVII, p. 394; máxima CXLI, p. 417 [Col. *Folio Classique*].

241. Sobre isso, cf. texto fundamental: FUMAROLI, M. "La conversation". In: NORA, P. (dir.). *Les Lieux de mémoire*. Tomo III: Les France. Vol. 2: Traditions. Paris: Gallimard, 1992, p. 679-743.

fazer"[242]. O homem discreto deve calar-se quando há perigo em dizer a verdade.

Certamente, a ignorância, frequentemente, refugia-se no santuário do silêncio; o "defeituoso" ganha em calar-se, porque o silêncio "fá-lo parecer misterioso". Além disso, um outro bom motivo para abster-se de falar é que um coração sem segredo é como "um livro aberto". Baltasar Gracián chegou ao ponto de escrever: "É preciso falar, como se ditasse seu testamento..."[243]. A obra de Gracián é contemporânea de uma série de tratados sobre a arte de calar-se, surgidos entre 1630 e 1684, e que tinham como objetivo formar o homem honesto à francesa. Mas, seu manual permaneceu por toda a Europa, escreveu Fumaroli, como o grande clássico da melhor educação. O sábio mantém-se suficientemente reservado para satisfazer a exigência de preservar uma parte do silêncio em relação a si mesmo, evitando o ridículo de declamar. A arte de calar-se é, além disso, uma forma de manter os outros na incerteza

---

242. GRACIÁN, B. *L'Homme de cour*. Op. cit., máxima XI, p. 301; máxima CLIX, p. 432; máxima CLXXIX, p. 447; Apres. de Marc Fumaroli.

243. Ibid., p. 556-557.

e de moderar, escreveu ainda Fumaroli, "os efeitos do apetite, da curiosidade e da surpresa"[244]. Isso significa que a arte da *prudentia* é uma tática dificílima.

Inúmeros moralistas do século XVIII inserem-se nesta tradição. Nessa época, a conversação adquire uma importância capital. Ela consiste em alternar entre o silêncio contemplativo e as longas conversas, sem nunca, como escreveu Montesquieu, escutar-se muito. La Rochefoucauld assegura que "o silêncio é a decisão mais segura daquele que desconfia de si próprio". Ele observa que falamos pouco quando a vaidade não nos incita a tomar a palavra. Ele sustenta que "é preciso muita habilidade para falar, mas não menos para calar", e distingue, nesse aspecto, o silêncio eloquente, o silêncio zombeteiro e o silêncio respeitoso. De toda maneira, mais vale escutar e nunca obrigar-se a falar. As sedutoras e os velhos possuem, em particular, mais do que os outros, interesse no silêncio, pois são in-

---

244. FUMAROLI, M. "Essai sur l'homme de cour". In: NORA, P. (dir.). *Les Lieux de mémoire*. Op. cit., p. 225.

clinados à conversa sem arte[245]. Madame de Sablé escreveu: "Falar muito é um tão grande defeito que, em matéria de negócios e de conversação, o que é bom é breve, e, portanto, duplamente bom, e assim ganhamos pela brevidade o que perdemos pelo excesso de palavras" e "Saber descobrir o interior de outrem e esconder o seu é uma grande marca de superioridade de espírito"[246].

M. de Moncade assinala que "se falássemos somente coisas úteis, far-se-ia um grande silêncio no mundo"[247]. La Bruyère, por sua vez, nota que os que se dedicam aos jogos de azar guardam "um silêncio profundo" ligado a uma atenção da qual seriam incapazes em outras circunstâncias[248]. Dufresny descreve com divertimento a introdução de um recém-chegado à corte: "Ele não age nem fala. É um homem sábio, diziam. Com

---

245. LA ROCHEFOUCAULD, F. *Œuvres complètes*. Paris: Gallimard, 1964, p. 413 [Col. *Bibliothèque de la Pléiade*].

246. SABLE, M. "Maximes". In: *Moralistes du XVII^e^ siècle* – De Pibrac à Dufresny. Paris: Robert Laffont, 1992, p. 250 [Pref. de Jean Lafond] [Col. *Bouquins*].

247. DE MONCADE, M. "Maximes et réflexions". In: Ibid., p. 940.

248. LA BRUYÈRE, J. "Les Caractères". In: Ibid., p. 780.

efeito, há sabedoria em sua modéstia e em seu silêncio; pois, pelo pouco que ele tenha agido ou falado, tiveram-se conhecimento que ele era apenas um tolo"[249].

Em 1771, publicou-se uma obra destinada a uma grande difusão: *A arte de calar* do abade Dinouart. O autor retoma com precisão, com força e com detalhe tudo o que foi dito acima. A sua mensagem essencial consiste em dizer que "nunca o homem é mais possuidor de si mesmo do que no silêncio"[250]. Tendo em conta a sua repercussão, consideremos este tratado detalhadamente. Dinouart distingue onze formas de silêncio: prudente, falso, complacente, espiritual, estúpido, sem esquecer aqueles que são marca de aprovação, de desprezo, de humor, de capricho, de polidez política. O abade Dinouart visa, antes de tudo, compor um tratado de civilidade cristã, o que o

---

249. DUFRESNY, C. "Amusements sérieux et comiques". In: Ibid., p. 1.001.

250. ABBÉ DINOUART. *L'Art de se taire*. Paris: Payot, 2011, p. 36 [Pref. de Antoine de Baecque]. O que se segue deve muito a este prefácio [Ed. em língua portuguesa: *A arte de calar*. São Paulo: Martins Fontes, 2001].

distingue de seus predecessores. Além disso, pretende estender, para além da corte, a *prudentia* ao mundo dos salões parisienses e ao dos homens de letras a fim de opor-se ao espírito filosófico, ao racionalismo e ao materialismo. Ele retoma uma antiga convicção, encontrada em *As Aventuras de Telêmaco* de Fénelon, segundo a qual a arte de bem governar implica calar-se. O soberano, mais ainda que qualquer outro, nunca está mais em posse si mesmo do que mantendo silêncio.

Antoine de Baecque, comentando o tratado de Dinouart, acrescenta a ligação que, nesta obra, se instaura entre o silêncio e uma retórica corporal. Calar-se em sociedade está de acordo com o gesto medido, com a expressão moderada, com uma certa mímica facial e com a arte do pouco, componentes desta retórica. Em sociedade, assegura, por sua parte, Émile Moulin, em 1885, quando o homem se cala, seu silêncio não teria nem valor nem expressão sem seus auxiliares naturais e indispensáveis, a saber: a fisionomia, a atitude, a compostura e o olhar[251]. Voltando a Dinouart, ele convida a

---

251. MOULIN, É. *Le Silence*. Op. cit., p. 19.

conter sua língua, ao mesmo tempo, como cristão, como mundano, como político e como estrategista, o que, escreveu Antoine de Baecque, volta a recuperar a civilidade do homem honesto delineada no século precedente. Alguns dos aforismos do abade resumem a sua estratégia: "Somente devemos cessar de ficar calados quando temos algo a dizer que valha mais do que o silêncio", "só sabemos falar bem quando, anteriormente, tivermos aprendido a calar, "o sábio possui um silêncio expressivo"[252]. Em contrapartida, o povo "grosseiro e estúpido" não sabe calar-se. Isso se deve à sua falta de instrução, à sua insolência e à sua superstição. Quanto ao silêncio na literatura, muitos autores fariam muito bem em nisso se inspirar, e nada publicarem.

Dito isso, ocorre que, em sociedade, assegura Émile Moulin, o silêncio não responde a nenhuma intenção tática, sendo somente a consequência de um traço de caráter, a "taciturnidade". Molière diz do filho Diafoirus: "Nós o víamos, nunca pronunciando palavras". Émile Moulin apresenta

252. ABBÉ DINOUART. *L'Art de se taire*. Op. cit., p. 35, 68-69 e 72.

uma gama de indivíduos em permanente silêncio. Assuero, segundo *Esther* de Racine, permanecia mudo, Guilherme de Orange foi alcunhado de o Taciturno. A isso, acrescenta-se o tímido sem autoconfiança. Isso conduz Émile Moulin a apresentar uma série de silêncios que não são muito táticos e que não correspondem à lista estabelecida por Dinouart. Assim, temos os silêncios da "inércia", do "sangue-frio", da "incredulidade", da "dúvida", da "ironia", da "compostura" – à qual se sujeita aquele que não compreende o que se passa –, sem esquecer o "silêncio de delicadeza", na presença dos velhos, o silêncio da "reserva respeitosa", da polidez, da resignação ou da "simpatia dolorosa"[253].

No século XIX, o Oberman de Senancour estigmatiza estas "conversações nas quais se fala para dizer palavras, nas quais se evita dizer coisas"[254]. No romance de Benjamin Constant, Adolfo, residente em Göttingen, desesperadamente melancólico, condenado ao silêncio por sua timidez, sen-

253. MOULIN, É. *Le Silence*. Op. cit., p. 21-27.

254. SENANCOUR. *Oberman*. Op. cit., p. 223.

te, às vezes, uma necessidade de falar, mas se encontra impedido pela decepção que sente em relação à sociedade que frequenta, na qual um desdenhoso silêncio substitui a zombaria[255].

Em 23 de setembro de 1854, Eugène Delacroix desenvolve longamente em seu *Journal* o benefício acarretado pela opção de calar-se na conversação e nas "relações de toda espécie". A sua análise psicológica aprofunda os preceitos anteriores. Infelizmente, assegura ele, "nada é mais difícil que esta discrição para os que a imaginação domina, para os espíritos sutis, que facilmente veem todos os lados das questões e que resistem mais penosamente em expressar o que se passa com eles". Ora, "só temos a ganhar, pelo contrário, escutando. O que vós quereis dizer a vosso interlocutor, bem o sabeis, tendes em abundância; o que ele tem a vos dizer, vós o ignorais certamente [...]. Mas como resistir a dar de vosso espírito uma ideia vantajosa a um homem surpreso e encantado e que, aparentemente, está a

---

255. CONSTANT, B. "Adolphe". In: *Œuvres*. Paris: Gallimard, 1957, p. 17 [Col. *Bibliothèque de la Pléiade*].

vos ouvir?" Permanece ainda o fato de que "os tolos são mais facilmente conduzidos a este prazer vão de escutar-se a si próprios quando falam aos outros [...] eles pensam menos em instruir seu interlocutor do que em ofuscá-lo"[256].

Gérard Genette estudou a finalidade literária dos silêncios de Flaubert em *Madame Bovary*. A seus olhos, por alguns momentos, a narrativa parece calar-se, desaparecer entre as paredes. A análise de Bernard Masson é diferente. Quando Bovary consegue frequentar livremente os Bertaux, Flaubert descreve três sequências do encontro: brinda-se segundo a tradição camponesa, em seguida, cala-se não tendo nada a dizer, enfim, fala-se como se "a passagem do silêncio à palavra tivera dificuldade" na própria redação do romance, como se os protagonistas, durante um tempo a escutar um silêncio "escandido por alguns ruídos capazes de acentuar a sua intensidade", tivessem cedido, sem transição, ao "despertar das palavras"[257].

---

256. DELACROIX, E. *Journal* (1822-1863). Op. cit., p. 476-477.

257. Bernard Masson ("Flaubert, écrivain de l'impalpable". In: MILNER, M. *Du visible à l'invisible*. Op.

Tardiamente, Paul Valéry inscreve-se na linhagem dos moralistas dos tempos modernos, transpondo completamente os seus aforismos para as esferas da amizade e da intimidade. "A intimidade verdadeira, escreveu ele, repousa sobre o sentido mútuo dos *pudenda* e dos *tacenda*", e "só se tornam verdadeiramente íntimas as pessoas com o mesmo grau de discrição. O resto, caráter, cultura e gosto, pouco importa". Quanto aos "nossos verdadeiros inimigos, (eles) são silenciosos"[258].

Julien Gracq, por sua vez, evoca uma tática sutil: às vezes, um interlocutor impõe um silêncio desconcertante no meio de uma conversação, um silêncio "quase indelicado" capaz de aprofundar um vazio e conduz-vos aos "dois olhos abertos que vos olham sem nada dizer – dois olhos que souberam fazer silêncio ao redor deles". Tal é a tática adotada pelo governador de Orsenna para impor sua autoridade a Aldo em *Le Rivage des Syrtes*[259].

---

cit., p. 57) cita o artigo de Gérard Genette ("Silences de Flaubert". In: *Figures I*. Paris: Du Seuil, 1966).

258. VALÉRY, P. "Choses tues". In: *Œuvres*. Op. cit., p. 488 e 492.

259. GRACQ, J. *Le Rivage des Syrtes*. Op. cit., p. 309.

Entremos em um outro mundo. Os camponeses usam muito largamente as táticas do silêncio, mas, à maneira deles, ligadas à necessidade do segredo. No século XIX, repetimos, o camponês é um taciturno. A sua palavra é rara, ela lhe parece, frequentemente, inútil, até mesmo no gesto da oração. O pároco de Ars percebeu com surpresa que um camponês de sua pequena paróquia vinha regularmente à sua igreja para adorar o Santíssimo Sacramento. Ele o fazia em silêncio, sem mesmo mexer os lábios. O bom pároco termina por lhe perguntar qual forma de piedade levava-o a ajoelhar-se assim, em silêncio, diante do ostensório. O camponês responde-lhe com uma definição mínima de oração: "Eu o vejo, e ele me vê". Esse camponês não faz outra coisa senão transportar para o interior da igreja seu comportamento taciturno. Zola, em *A terra*, apresenta o pai Fouan, o qual viveu durante um ano em uma casa deserta, guardando permanentemente seu "grande silêncio trágico", meditando acerca de projetos para a expansão do seu domínio[260]. Isso porque, no campo, o

260. ZOLA, É. "La Terre". In: *Les Rougon-Macquart*. Op. cit., p. 732.

silêncio é, antes de tudo, uma tática. Ele é uma proteção contra a revelação dos segredos da família e contra qualquer ataque ao patrimônio de honra. Ele assegura a solidariedade do grupo. Esconde a vastidão dos bens possuídos e dos projetos de aquisição. Dissimula um eventual desejo de vingança. Calar-se é proteger-se da circulação das bisbilhotices do outro, o qual não cessa de tentar rasgar aquilo que esconde o silêncio. Neste aspecto, é preciso compreender bem que, nesse meio, os propósitos, ambiciosos ou trágicos, demoram a realizar-se. Portanto, o essencial é não se revelar.

Mesmo fora deste silêncio estratégico, o que reina na fazenda é tranquilizador. O camponês aprecia o quadro de quietude criado por ele. Aqui, qualquer um poderia expressar-se, observa Yvonne Crebouw, todavia, ele evita falar[261]. A desconfiança em relação ao olhar daquele que interroga não é a única causa deste silêncio. A pessoa cala porque pensa não ser capaz de provocar o

---

261. CREBOUW, Y. "Dans les campagnes: silence quotidien et silence coutumier – 1848, révolutions et mutations au XIX^e^ siècle". In: *Le silence au XIX^e^ siècle*. Op. cit., p. 51-61. Este artigo é essencial para este tema.

interesse dos outros ou porque mal sabe (ou não sabe) expressar-se em francês. Quando o interlocutor é o senhor ou um burguês, o fosso social e cultural paralisa. Um medo ancestral de expressar-se demais é, às vezes, mantido pelas armadilhas preparadas durante as investigações, as dos agentes do fisco, as dos policiais e as dos juízes. Além disso, a tradição autoriza acordos que se realizam sem a intervenção da escrita, nem mesmo da palavra. É sobre o silêncio que se baseia a permanência das comunidades chamadas de "silenciosas", assim como tudo o que depende da renovação de contratos tacitamente; quer se trate de um contrato – o aluguel – de um operário, de uma criada, ou de um contrato não escrito de arrendamento a meias, assim como de toda renovação contratual de acordo com as condições inalteradas. O acordo prorroga-se ou dissolve-se em silêncio. Por muito tempo, concluiu Yvonne Crebouw, o silêncio pesou sobre os campos, mantendo as tradições consideradas como sábias, mas freando a evolução.

Dito isso, um erro espreita o historiador confrontado com este meio: o de superestimar a raridade da palavra, o silêncio das pessoas que quase nunca se abrem fora dos seus círculos, nos quais elas têm o hábito de viver e de expressar-se. O silêncio do camponês é um bem. Se a sua palavra é rara, é porque ela é preciosa; se ela é lenta, pausada, portanto, facilmente compreendida, é porque ela se quer credível. Nesses meios, um longo silêncio prévio valoriza a audácia da tomada da palavra. Ao qual devemos acrescentar que o silêncio mostrado pelas testemunhas camponesas por ocasião dos inquéritos judiciais era, frequentemente, um sinal da incompreensão decorrente de uma incompatibilidade entre o código legal e os múltiplos sistemas normativos em vigor em todo o território nacional. Enfim, o tácito, tal como praticado pelo camponês, participa do silêncio, sem confundir-se com ele totalmente. Ele se assenta frequentemente sobre o subentendido. Esse não necessita da palavra. Ele implica a aprendizagem de um outro código além daquele que a rege. Supõe outras modalidades da cumplicidade além das baseadas na fala. É o que expressa o provérbio "quem cala consente". No meio da sociedade rural, principalmente no século XIX, o jogo do silêncio e da palavra mostra-se de uma extrema complexidade. Igualmente, o historiador deve, de uma só vez, distinguir os silêncios impostos, os silêncios deliberados, os silêncios implícitos, os silêncios instrumentalizados e os resultantes do déficit de domínio da enunciação, sem esquecer a recusa das elites em registrar a palavra camponesa, considerada pobre, desajeitada, até mesmo incompreensível.

Com base no que foi escrito acima, Joris-Karl Huysmans baseou a sua aversão ao campo. Sobre isso, o seu romance *En rade*, sobre o qual retornaremos, constitui um admirável testemunho. O tio e a tia, cuja casa serve de refúgio para um casal de citadinos, são calados, e o silêncio deles ou, ao menos, a raridade de sua palavra dissimula um insaciável apetite pelo ganho. Eles têm como único projeto extorquir seus sobrinhos. O tio e a tia manipulam o silêncio com arte, fingindo inscrever-se no tradicional respeito quando os camponeses conversam com parisienses. Eles sabem unir o taciturno, o respeitoso e o hipócrita. A sobrinha e o sobrinho lidam com um casal unido por um acordo tácito, selado durante toda uma vida. Huysmans traduz muito bem a importância tática do silêncio e do tácito.

Poderíamos ainda, mas isto não terminaria nunca, explorar os usos do silêncio em muitos outros meios. No seio do exército, efetua-se uma aprendizagem do gesto silencioso, o que é ainda mais verdadeiro na prática da caça. Thoreau, relatando sua exploração nas florestas do Maine, descreve o comportamento de um caçador indígena. Armado com um machado, desliza pelas moitas sem fazer barulho. Seu passo é particular, "elástico, silencioso e furtivo" e, ao avançar, indicava "com o dedo, aqui e ali, silenciosamente, uma gota de sangue sobre as folhas"[262]. O historiador Sylvain Venayre soube fazer experimentar a forte emoção produzida pelas escansões do silêncio que ritmavam a sucessão das grandes caçadas ocorridas nos territórios exóticos, frequentemente coloniais, durante a segunda metade do século XIX. Atacar uma fera implicava períodos de espreita que duram geralmente uma longa meia hora, durante a qual era imperativo manter, com o coração batendo, um absoluto silêncio[263].

---

262. THOREAU, H.D. *Les Forêts du Maine*. Op. cit., p. 123.

263. VENAYRE, S. "Les grandes chasses". In: *Histoire de l'émotion*. Tomo 2. Paris: Seuil.

# 8
# Dos silêncios do amor ao silêncio do ódio

O silêncio é um ingrediente essencial da profundidade do amor. Ninguém soube melhor dizê-lo do que Maurice Maeterlinck. Escutemo-lo um pouco demoradamente: "Se vos for concedido, por um instante, descer em vossa alma até as profundezas habitadas pelos anjos, o que, antes de tudo, vós lembrareis a respeito de um ser profundamente amado, não são as palavras que ele disse ou os gestos que fez, mas os silêncios que vós vivestes juntos; pois somente a qualidade desses silêncios revelou a qualidade do vosso amor e das vossas almas". Tal é o "silêncio ativo", pois existe um outro, "passivo", o "silêncio que dorme", que "é apenas o reflexo do sono, da morte ou da inexistência"[264].

---

264. MAETERLINCK, M. *Le Trésor des humbles*. Op. cit., p. 16-17.

O silêncio é "mensageiro do desconhecido especial de cada amor". Nesse domínio, todos os silêncios diferem e todo o destino de um amor depende "da qualidade deste primeiro silêncio que duas almas formarão". Se dois amantes não se entendem neste primeiro silêncio, "suas almas não poderão amar-se, pois o silêncio não se transforma [...] entre duas almas [...] sua natureza não mudará nunca; e até a morte dos amantes, ele terá a atitude, a forma e a força que tinha no momento em que, pela primeira vez, ele entrou no quarto"[265]. Quanto às palavras, elas jamais expressam as relações reais e especiais, existentes entre dois seres. De uma maneira mais geral, nossa verdade sobre o amor, a morte e o destino, "nós apenas podemos entrevê-la no silêncio"[266], no silêncio secreto de cada um de nós. "Se eu disser a alguém que o amo – como já disse a muitas outras pessoas – minhas palavras não lhe transmitirão nada; mas o silêncio que se seguirá, se é que eu, realmente, o amo [...] fará nascer uma certeza silenciosa"[267]. Mae-

265. Ibid., p. 20-21.

266. Ibid., p. 21.

267. Ibid., p. 22.

terlinck conclui com interrogações: "não é o silêncio que determina e fixa o sabor do amor? Se fosse privado do silêncio, o amor não teria nem gosto nem perfumes eternos. Quem de nós não conheceu estes minutos mudos que separavam os lábios para reunir as almas? É preciso buscá-los sem cessar. Não há silêncio mais dócil do que o silêncio do amor: e, realmente, é o único, que é somente para nós mesmos"[268].

Na ocasião do encontro amoroso, vivido em toda sua profundidade, esperado por anos, conversamos com "a hora que soa ou [com] o sol que se esconde, a fim de dar a nossas almas o tempo de se admirarem e de se unirem em um outro silêncio, que o murmúrio dos lábios e do pensamento não poderá perturbar"[269]. Maeterlinck reencontra aqui Jean Paul, que escrevia: "Quando desejo amar com muita ternura uma pessoa amada, e perdoar-lhe por tudo, eu apenas tenho que a olhar em silêncio por algum tempo"[270].

---

268. Ibid.

269. MAETERLINCK, M. "Emerson". In: *Le Trésor des humbles*. Op. cit., p. 80.

270. Jean Paul. Apud MAETERLINCK, M. "La Vie profunde". In: *Le Trésor des humbles*. Op. cit., p. 146.

Georges Rodenbach, como Maeterlinck, subscreveu o ideal simbolista de uma comunhão silenciosa entre os seres. Assim, escreveu em um de seus primeiros poemas:

> Entro em teu amor como em uma igreja
> No qual flutua um véu azul de silêncio
> e de incenso[271].

Alhures, ele evoca o amante, escondido em um quarto escuro, a sonhar com a amante que se matou:

> Doçura! Não mais ver-nos distintos! Não
> ser senão um!
> Silêncio! Dois aromas no mesmo perfume
> Pensar a mesma coisa e não o dizer[272].

Em 1955, Max Picard assegura, por sua parte, que no amor há mais silêncio do que palavra. Os amantes, escreveu, são dois conjurados, conjurados do silêncio. A amante escuta mais o silêncio do que a palavra. "'Cala-te', ela parece murmurar, 'cala-te' para que eu te ouça". Portanto, é mais fácil amar quando se cala, "porque, no silêncio, o amor pode estender-se aos cantos mais distantes". O silêncio atesta também a pro-

---

271. RODENBACH, G. *Œuvre poétique*. Op. cit., p. 139.
272. Ibid., p. 277.

fundidade da amizade. Max Picard, citando Péguy, descreve os amigos que "gostam de ficar calados juntos, lado a lado, quilômetro a quilômetro, hora após hora, caminhando silenciosamente por estradas silenciosas. Felizes são os dois amigos que se amam muito para (saber) calaram-se juntos em um campo silencioso"[273].

A insistência sobre a profundidade do silêncio no amor possui uma longa genealogia – consideramos o amor cortês – que nos impõe um recuo, construído com pensamentos mais banais. Em 1580, *O cortesão* de Baltasar Castiglione assegura, sem que seja precisamente uma questão de encontro amoroso no silêncio, que aquele que ama muito fala pouco. Ele faz Lourenço, o Magnífico, dizer que os verdadeiros apaixonados têm "corações ardentes, também têm línguas frias, e falam frequentemente interrompendo-se com súbitos silêncios"[274]. Baltasar Castiglione concede seus conselhos: o cortesão, para demonstrar o seu amor, deve

---

273. PICARD, M. *Le Monde du silence*. Op. cit., p. 69, 71 e 98.

274. CASTIGLIONE, B. *Le Livre du courtisan*. Op. cit., p. 296.

fazê-lo mais por sua postura do que por suas palavras. A afeição amorosa é mais bem expressa por um suspiro, por um ato de respeito ou de receio, do que por "mil palavras". É preciso fazer com que os olhos "percorram nos dois sentidos o caminho que vai dos olhos ao coração"[275] – não esquecer que, neste tempo, o olhar é um "tato". São os olhos que, "graciosos e amorosos", disparam silenciosamente suas flechas. São eles que selam o acordo amoroso, no silêncio. "Eles enviam seus raios aos olhos da pessoa amada, no mesmo momento em que esses fazem o mesmo, porque os espíritos encontram-se". São eles que produzem a "doce colisão"[276]. Dois apaixonados transmitem pelos olhos o "que eles têm no coração". Eles se envolvem em uma "longa e livre conversa amorosa", não compreendida pelos demais, graças à discrição e à prudência. Em silêncio, os olhos dos apaixonados dizem as únicas palavras que importam[277].

A presença do silêncio na vida dos amantes é enunciada pelos romances da épo-

---

275. Ibid., p. 307.

276. Ibid., p. 308.

277. Ibid., p. 310.

ca clássica. Em *L'Astrée*, o leito é definido como lugar de "estreitas carícias obtidas em segredo e em silêncio"[278]; impressionante é a figura do silêncio que convida ao amor no centro do Paraíso terrestre delineado por Milton: quando Adão e Eva unem-se no caramanchão, o poeta diz que "o silêncio estava extasiado". Pascal escreve que "no amor, um silêncio é mais útil do que a linguagem [...], há uma eloquência silenciosa capaz de penetrar mais profundamente do que a linguagem poderia fazer"[279].

A idade romântica, neste aspecto, faz a ligação entre as injunções dos moralistas e a sutileza dos simbolistas. Diante de Eleanor moribunda, Adolfo, que deixou de amá-la, constata que ela conservou a ternura em relação a ele. Ora, "sua fraqueza, dizia ele, raramente permitia-lhe falar-me, mas ela fixava em mim seus olhos em silêncio, e parecia-me então que seus olhares me pediam a vida que eu não podia mais

---

278. Apud PERROT, M. *Histoire des chambres*. Op. cit., p. 103.

279. PASCAL. "Discours sur les passions de l'amour". Apud MOULIN, É. *Le Silence*. Op. cit., p. 36-37.

dar-lhe"[280]. Em *Cécile*, do mesmo Benjamin Constant, a esposa do narrador ama um outro homem e não o seu marido. Por ocasião de um sarau, passado em "um muito profundo silêncio", o marido repara "os olhares dos dois amantes, a cumplicidade recíproca entre eles que se entregava nos menores detalhes, a felicidade que experimentavam ao se encontrarem juntos, embora não pudessem dizer uma palavra sem serem ouvidos, lançaram-me, ele confidencia, em uma profunda meditação"[281]. Aqui, o silêncio é um casulo para o cruzamento dos olhares apaixonados e para o desejo das almas. Depois que o marido conseguiu romper esta aliança muda, ele se comoveu pelas lágrimas vertidas pelos olhos de Cécile, a qual permaneceu "silenciosa e imóvel"[282].

O Oberman de Senancour pensa, quanto a ele, que "o silêncio protege os sonhos do amor", mas quando cessa o silêncio do amor, começa o vazio no qual "se extingue

---

280. CONSTANT, B. "Cécile". In: *Œuvres*. Op. cit., p. 138.

281. Ibid.

282. Ibid., p. 162.

nossa vida"[283]. Alfred de Vigny evocou, diversas vezes, a força do silêncio capaz de unir os amantes. O poeta, todos se lembram, propõe à sua amante envolver a casa do pastor em uma espessa urze:

> E ali, entre as flores, nos encontraremos
> na sombra
> Para nossos cabelos unidos, um leito
> silencioso[284].

Eva, no entanto, clama: "Eu irei sozinha e serena, em um cândido silêncio"[285].

Victor Hugo, diversas vezes, retorna ao tema do silêncio, constitutivo do prazer amoroso. Em *As contemplações*, evoca o passeio silencioso dos amantes:

> Muito tempo mudos, nós contemplamos
> O céu em que se extinguia o dia.
> O que se passava nas almas?
> Amor! Amor!

O poema intitulado *Sob as árvores* relata mais precisamente estes momentos de plenitude silenciosa:

---

283. SENANCOUR. *Oberman*. Op. cit., p. 294 e 296.

284. VIGNY, A. "La Maison du berger – Les Destinées". In: *Œuvres complètes*. Tomo I. Paris: Gallimard, 1986, p. 121 [Col. *Bibliothèque de la Pléiade*].

285. Ibid., p. 127.

> Eles caminhavam, [...] paravam,
> Falavam, interrompiam-se e, durante
> os silêncios,
> Suas bocas calavam-se, suas almas
> cochichavam[286].

No século XX, a ligação entre o amor e o silêncio tornou-se um *leitmotiv*. Na obra *Em busca do tempo perdido*, o narrador observa em silêncio Albertine dormir, e desfruta disso sem fazer barulho: "Então, sentindo que ela estava em pleno sono, [...] deliberadamente, saltava para a cama, deitava-me ao seu lado, tomava a sua cintura com um dos meus braços, pousava os lábios eu seu rosto e em seu coração e, depois, sobre todas as partes do corpo pousava-lhe a mão que ficara livre, e que também era erguida como as pérolas pela respiração de Albertine. [...] O ruído de sua respiração, tornando-se mais forte, podia dar a ilusão do ofegante prazer e, quando o meu chegava ao fim, podia beijá-la sem interromper o seu sono"[287]. Poderíamos vincular esta emoção ao silêncio do quarto onde se escrevem as cartas de amor.

---

286. HUGO, V. In: *Les Contemplations*. Op. cit., p. 129 e 139.

287. PROUST, M. *La Prisonnière*. Paris: Gallimard, 1989, p. 64 [Col. *Folio Classique*].

Sonhar silenciosamente com um amor entra, aqui, em nosso propósito. Saint-Exupéry evoca com emoção a jovem que formou um Reino por meio "dos pensamentos, da voz e dos silêncios de um amante"[288]. É em silêncio que, em *O estrangeiro* de Albert Camus, nasce, na praia, o idílio entre Maria e o narrador: "Eu a abracei. A partir daí, não falamos mais"[289]. Bem mais tarde, Pascal Quignard escreveu: "Somente o silêncio permite contemplar o outro"[290].

Mas existe um outro silêncio de amor, sugerido já por Vigny, o que se desdobra no orgasmo e, mais largamente, na sensualidade erótica, outra vertente do nosso objeto que, agora, precisamos abordar. O orgasmo, sua espera, seu apogeu e suas consequências impõem, muito frequentemente, uma gama de silêncios profundos. É assim, segundo as grandes personalidades da litera-

---

288. SAINT-EXUPÉRY, A. *Terre des hommes*. Op. cit., p. 57.

289. CAMUS, A. *L'Étranger*. Paris: Gallimard, 1942, p. 56 [Ed. em língua portuguesa: CAMUS, A. *O estrangeiro*. Rio de Janeiro: Record, 1979].

290. QUIGNARD, P. *Vie secrète*. Paris: Gallimard, 1998, p. 86.

tura erótica do século XVIII, por ocasião da masturbação, notadamente da feminina, que tanto excita os homens.

Por definição, a busca pelo orgasmo por via de manobras masturbatórias acontece em um silêncio com uma textura e com um deleite particulares. O doutor Roubaud cita o caso de um jovem de temperamento linfático, incapaz de ejacular "quando enfrenta a experiência do coito, o que consegue somente no silêncio da masturbação". O doutor Deslandes cita outros casos, os dos masturbadores que agem no maior silêncio, na sala, na presença dos seus familiares. "Eles não executam nenhum ou quase nenhum movimento", mas "há na atitude, na fisionomia, no silêncio do sujeito [...] algo de insólito" que não escaparia ao clínico. "Seria, sobretudo, impossível esconder dos olhares vigilantes a emoção final, por mais experiente que seja o masturbador"[291].

O *Dictionnaire Érotique Moderne*, de Alfred Delvau, datado de 1864, sublinha com complacência o estado extático da mulher

---

291. Apud CORBIN, A. *L'Harmonie des plaisirs* – Les manières de jouir du siècle des Lumières à l'avènement de la sexologie. Paris: Perrin, 2008, p. 135 e 160.

que goza. Aqui, não é mais questão, exatamente, de silêncio voluntário, mas daquele que é então provocado por aquilo que qualificamos, em nosso tempo, de "pequena morte", a qual se produz quando os olhos da mulher revulsam-se, no momento em que ela está com os "olhos brancos"[292].

Barbey d'Aurevilly descreve como essencial o silêncio do gozo em *Le rideau cramoisi*. A heroína, Alberte, é um ser profundamente silencioso. Toda a sua atitude traduz a permanente profundeza de seu silêncio. Ela culmina na ocasião da união sexual. Noite após noite, "sempre ela (Alberte) ficava, e mesmo sobre meu coração, silenciosa, mal falando-me com a voz", relata o narrador, e "ela só me respondia com longos abraços. De sua boca triste não vinha nada... exceto beijos!" Ao contrário de outras mulheres, ao chegar ao ápice do gozo, "ela não dizia uma só palavra"[293]. Esta esfinge pronunciava, "no máximo, um monossílabo". Isso durou seis meses. Uma noite, Alberte demonstrou-se

---

292. DELVAU, A. *Dictionnaire Erotique Moderne*. Bâle, 1864, p. 231.

293. D'AUREVILLY, J.B. "Le rideau cramoisi – Les Diaboliques". In: *Romans*. Op. cit., p. 941.

"mais silenciosamente amorosa do que nunca. [...] Em seus abraços, eu a escutava. De repente, não a ouvi mais. Os seus braços cessaram de pressionar-me sobre seu coração, e pensei ser um destes desmaios que ela frequentemente tinha [...]. Eu conhecia os espasmos voluptuosos de Alberte"[294]. Mas, desta vez, ela estava morta, inerte, fria, permanecendo ligada ao seu amante sobre o sofá azul, no terrificante silêncio da casa.

Mais tarde, Georges Bernanos descreve com veemência a sensualidade do silêncio em seu romance *Senhor Ouine*, já folheado por nós. Um casal pobre e rude foi formado: a filha do velho Devandomme, proprietário sem grande fortuna, casou-se com o caçador furtivo Eugène, que em seguida foi acusado de ter matado um jovem da fazenda. A situação era desesperadora. Ora, a mulher "somente aprendeu com Eugène um certo silêncio, másculo, feroz, fazendo-a sentir pena de todos os outros. Agora, noite e dia, não restava nada além do silêncio no qual ela descansa, se refugia, doce animal paciente – este único silêncio. Fora dele, tudo

294. Ibid., p. 944.

é frívolo ou infame"[295]. Por isso ela aceita suicidar-se com Eugène no interior da cabana onde viviam. Após o disparo, instala-se "um pedaço de silêncio e de noite"[296].

Delicioso testemunho da profundeza do amor, o silêncio, às vezes, pode ser um sintoma da sua destruição. "Entre mim e Albertine, escreveu Marcel Proust, havia, frequentemente, o obstáculo de um silêncio feito, sem dúvida, de queixas que ela calava, pois julgava-as irreparáveis [...], impossíveis de esquecer, inconfessadas, mas que nem por isso deixavam de erguer entre nós a significativa prudência de suas palavras ou o intervalo de um silêncio instransponível"[297]. Voltemos ao casal imaginado por Huysmans em seu romance *En rade*. A longa estadia na triste residência dos primos avaros e taciturnos separou, pouco a pouco, os dois esposos. O campo matou o amor pelo silêncio. Cada um, desde então, alimentava seu próprio sonho de futuro na solidão, sonho silencioso que é sonho de morte do cônju-

295. BERNANOS, G. *Monsieur Ouine*. Op. cit., p. 139.

296. Ibid., p. 212.

297. PROUST, M. *La Prisonnière*. Op. cit., p. 95.

ge. À noite, cada um finge dormir para não conversar. Isso porque os esposos não têm mais nada para dizer um ao outro. Os velhos que os albergaram estão incomodados, no dia em que partem, pela mudez de Jacques e de Louise.

Existe um efeito mais trágico do silêncio: no romance de Mauriac *Thérèse Desqueyroux*, o silêncio do casal, resultado da incomunicabilidade, leva ao crime. O silêncio de Bernard é o motivo essencial do ato trágico de Thérèse. Desde o início, entre os dois consortes, foi o silêncio quem tornou impossível "o domínio encantado do amor simbiótico", foi ele quem os enviou de volta ao nada. Pouco a pouco, Thérèse sentiu que se submeteria à destruição pelo silêncio e que nele se encontraria presa. O silêncio da vida desta mulher conduzi-la-á às "trevas de seu ser"[298], e o de Bernard é o principal motivo do crime.

Para nos limitar à tragédia, Vigny já havia feito os seus leitores compartilharem a espera de Dolorida, a qual espreita seu com-

---

298. O'DWYER, M. *Le leitmotiv du silence dans Thérèse Desqueyroux*, p. 19 e 20.

panheiro infiel. "Como é longo o silêncio!", escreve a respeito da amante que matará o seu amante[299].

Claude Simon descreveu, em seu romance intitulado *L'Herbe*, a paisagem sonora do estupro de Louise no interior de um banheiro por aquele que foi qualificado de "homem velho". Após uma rápida luta, os dois corpos desabam com fragor em uma "cascata de sons repercutindo, desmedidos, no silêncio noturno [...] – e, em seguida, o silêncio, não mais refluindo, mas, por assim dizer, caindo de uma só vez, parecendo, de repente, algo de absoluto, de esmagador (como uma tonelada de silêncio) e de total, até que (à maneira de uma fonte infiltrando-se, insidiosamente abrindo caminho sob os restos das rochas) a minúscula, múltipla e vasta crepitação da chuva atinge novamente"[300].

A ficção, que pinta o efeito destruidor do silêncio no seio do casal, reflete uma realidade social muito bem estudada por Fré-

---

299. VIGNY, A. "Dolorida – Poèmes antiques et modernes". In: *Œuvres complètes*. Op. cit., p. 61.

300. SIMON, C. *L'Herbe*. Paris: De Minuit, 1986, p. 169-170.

déric Chauvaud em sua *Histoire de la haine*. Após toda uma vida lendo os arquivos judiciais do século XIX, esse historiador fez do silêncio um dos elementos principais da destruição do casal, tal como é explicada na ocasião da audiência, quando os ódios entre eles se tornavam evidentes. Os "casais rancorosos" foram devastados por "rancores macerados". Se a maioria, todavia, renunciou à violência, ao menos optou por uma longuíssima "grosseria". "O pesado e quase interminável silêncio, escreveu Frédéric Chauvaud, revela-se uma arma invisível e perigosa". Não endereçar a palavra a seu cônjuge é "uma maneira de manifestar seu ódio lançando o outro para fora de sua própria vida". Ora, muito frequentemente, este ódio, assinala Frédéric Chauvaud com um certo humor, paradoxalmente, torna-se "uma espécie de cimento capaz de assegurar a longevidade do casal, de uma forma muito melhor do que teria podido fazer o amor", visto que o silêncio odioso se encontra, de tempos em tempos, quebrado pelas convenções sociais. Trata-se, como sempre, de manter as boas aparências. Diante de um público, não importa qual, os membros do casal trocam algumas palavras para manter a cena. Mas, uma vez "longe dos ouvidos indiscretos, eles se calam novamente, mergulhando em um profundo silêncio". Frédéric Chauvaud detém-se sobre a origem da instauração do silêncio. Às vezes, é após uma simples desavença ou uma pequena contenda que os amantes ou cônjuges odeiam-se bruscamente e juram, em seu foro íntimo, não se dirigirem mais a palavra. Então, entra-se no domínio dos "velhos ódios no qual cada um parecia manter uma lista de ofensas irrisórias para nutrir um silêncio rancoroso e persistente"[301].

Os admiradores da obra de Edward Hopper sabem com qual insistência ele representou o silêncio que traduz a distância entre o homem e a mulher, que um dos dois olha pela janela à distância do outro ou que cada um isola-se em uma tarefa que, aparentemente, os absorve. Muitos espectadores também guardam na memória o silêncio que constitui o tema central do fil-

---

301. CHAUVAUD, F. *Histoire de la haine* – Une passion funeste, 1830-1930. Rennes: Presses Universitaires de Rennes, 2014, p. 174 e 177.

me de Pierre Granier-Deferre intitulado *O Gato*. As duas personagens, interpretadas por Simone Signoret Jean Gabin, ilustram a maneira pela qual o silêncio é o resultado de um ódio requentado, ou, ao menos, de uma profunda distância. A atitude deles comprova o argumento de Frédéric Chauvaud: paradoxalmente, este mesmo silêncio, aos poucos, transforma-se em cimento ou, pelo menos, em conivência entre as duas personagens.

# Poslúdio

## A tragédia do silêncio

"No silêncio, escreveu Max Picard, não há somente um elemento salutar, amável, há também um elemento obscuro, ctônico, terrível, hostil, que pode sair do fundo do silêncio, infernal, demoníaco"[302].

A primeira forma de angústia suscitada pelo silêncio, no decorrer da história do Ocidente, é suscitada pelo silêncio de Deus, por aquilo que Georges Simon qualifica como a "imensa epopeia do silêncio de Deus"[303]. Nós já evocamos dois grandes silêncios: o da Criação, sublinhado no quarto livro de Esdras, depois, o longo e o grave silêncio criado pelo anjo do Apocalipse na

---

302. PICARD, M. *Le Monde du silence*. Op. cit., p. 31.

303. SIMON, G. *La transcendance du silence chez Sylvie Germain*. Op. cit., p. 107.

ocasião da abertura do sétimo selo, mergulhando as criaturas em uma espera ansiosa pelo Verbo. Por outro lado, consideramos o silêncio de Deus no capítulo consagrado ao estudo do silêncio como discurso, lembrando que, se o Deus da Bíblia – à exceção do episódio do batismo de Jesus – não pronuncia distintamente palavras, às vezes ele impõe sua presença silenciosa sob forma de uma nuvem grande, de uma brisa ligeira, de um sopro, e por uma gama de pequenos sinais que cumprem o papel da palavra. Os ortodoxos pensam o silêncio de Deus, silêncio da transcendência, como um elemento de sua natureza, a qual pertence por essência ao domínio do desconhecido. Enfim, no centro da França católica do século XVII, Pascal funda sua teologia sobre a existência de um Deus oculto (*Deus absconditus*). A seus olhos, o fato dele se ocultar deliberadamente e fazer silêncio é justo e útil ao fiel. A própria obscuridade de Deus lembra ao homem que ele é pecador. O Ser transcendente deve ser insondável, enigmático. Aos olhos de João da Cruz, o fato de que Deus faça-se silencioso dá ao homem a liberdade de crer ou não crer. Em seu *Cântico Espiritual*, apresenta a seguinte questão: "onde tu te escondes?" é grito de amor.

Mas há um outro aspecto do nosso objeto: o silêncio de Deus é também percebido e experimentado como tragédia; a sua ausência silenciosa põe em dúvida a sua própria existência; senão, ela pode ser interpretada como indiferença, o que não deixou de suscitar cólera desde a redação do Antigo Testamento. O silêncio de Deus diante do desencadeamento das desgraças no mundo, do horror de certos fenômenos naturais, do sofrimento e da morte, não é prova de sua inexistência? Mesmo no coração do cristão mais fervoroso, o silêncio de Deus dá a impressão de que ele está ausente, provoca, por instantes, uma crise de fé.

O escândalo constituído pelo seu silêncio provoca gritos de revolta. Isso é explícito em vários textos do Antigo Testamento dos quais Pierre Coulange organizou o inventário com precisão. Jó clama ao Altíssimo. No Sl 22, lê-se um grito que será repetido, mais tarde, por Jesus crucificado: "Meu Deus, meu Deus, por que me abandonaste? As palavras do meu rugir estão longe de me salvar! Meu Deus, eu grito de dia, e não me respondes [...]"[304]. No salmo 28, lê-se lamúrias da mesma ordem. Já em Provérbios, foi escrito: "Então clamarão, mas eu não responderei [...]". O livro das Lamentações é marcado pela cólera devido à ausência da voz de Deus que se esconde e que parece ignorar o sofrimento de seu povo. Isaías queixa-se: "Entretanto tu és um Deus que se esconde [...]".

Permanece o fato de que o escândalo mais frequentemente denunciado, ao longo dos séculos, é o causado pelo silêncio de Deus, sublinhado por Mateus no relato da Paixão. Ao centro do Jardim das Oliveiras, o silêncio (sono) dos apóstolos reitera o de Deus, do qual, Jesus, sobre a Cruz, acaba por queixar-se. É o silêncio desencadeador da angústia e da tristeza mortal na alma de Cristo. Pierre Coulange escreve, com razão, que o silêncio de Deus, neste momento da Paixão, é "o ponto focal" de toda a

---

304. A tradução do Sl 22, bem como dos trechos de Provérbios e do Livro das Lamentações, foi retirada de *A Bíblia de Jerusalém*. São Paulo: Paulus, 1985 [N.T.].

Escritura e de todo questionamento sobre o mistério divino[305].

No curso da história, não se para de colocar essa insistente questão no próprio coração dos maiores santos, como o provam os escritos de Teresa de Ávila e, bem mais tarde, os de Terezinha do Menino Jesus, em seguida, as confissões de madre Teresa.

Em meados do século XIX, é, sem dúvida, Vigny que lança o maior grito de cólera em resposta ao silêncio de Deus, sem, no momento, fazer de seu mutismo a prova de sua inexistência.

> Se é verdade que no jardim sagrado das Escrituras,
> O Filho do Homem tenha dito o que se vê relatado;
> Mudo, cego e surdo ao grito das criaturas,
> Se o Céu nos abandonou como um mundo abortado,
> O justo oporá o desdém à ausência
> E só responderá com um frio silêncio
> Ao silêncio eterno da Divindade[306].

---

305. COULANGE, P. *Quand Dieu ne répond pas* – Une réflexion biblique sur le silence de Dieu. Op. cit., p. 24.

306. VIGNY, A. "Le mont des Oliviers – Les Destinées". In: *Œuvres complètes*. Op. cit., p. 153.

Esta estrofe do "Monte das Oliveiras", cujo título é "O Silêncio", não é totalmente correta porque é na Cruz que Jesus lamenta-se do abandono do Pai. Aqui, subsiste a mais forte resposta de Vigny ao silêncio de Deus. Ela não é revolta violenta, mas completo desprezo. Em 1859, ele reitera: "Fazei, como Buda, ele escreveu, silêncio sobre aquele que jamais fala" e, em 1862: "Nunca fale e nunca escreva sobre Deus [...]. Restitua-lhe silêncio com silêncio", sem esquecer uma série de versos não utilizados em um poema, mas da mão de Vigny: "Assim, o céu mudo nada quis nos dizer" ou: "Pontífices, tomai cuidado, ou o silêncio responderá sozinho ao silêncio eterno da Divindade"[307].

A convicção de que o Deus oculto (*Deus absconditus*) jamais romperá seu silêncio, e que isso inflige o desprezo ao homem, não significa a morte de Deus. Todavia, na oficina do poeta, antes da redação do "Monte das Oliveiras", Vigny imaginou um Cristo cético que declara: "Eu sou o Filho do Homem e não o Filho de Deus", e que amaldi-

---

307. Cf. LASSALLE, J.-P. "Vigny et le silence de Dieu". In: *Alfred de Vigny*. Paris: Fayard, 2010, p. 388.

çoa toda a mensagem. Dito isso, Vigny não é Nietzsche.

Os sentimentos de Victor Hugo são, neste aspecto, mais ambíguos. Ele nunca deixou de crer e de ter esperança na existência de Deus, mas, veementemente, denunciou o seu silêncio.

> O ser pavoroso cala-se no fundo do céu noturno.
> [...]
> Nada responde no ar taciturno[308].

E no poema intitulado "Os Magos":

> Diante de nossa raça escravizada
> O céu cala-se, e nada surge dele [...]
> O Desconhecido mantém o silêncio[309].

Um outro misterioso silêncio atinge o leitor do Novo Testamento: o de Jesus em vários momentos. Por ocasião do episódio da mulher adúltera, quando o seu apedrejamento é iminente, Jesus cala-se e desvia o olhar. Este silêncio contrasta com o tumulto dos agressores. Mas é eficaz: Jesus transmite a sua mensagem: que cada um examine a

---

308. HUGO, V. "Horror". In: *Les Contemplations*. Op. cit., p. 460-461.

309. Ibid., p. 490.

sua consciência e não imponha a expiação prevista pela lei. Como dissemos, o silêncio, aqui, é palavra capaz de remeter à interioridade. De fato, nesta mesma perspectiva, é todo Evangelho que se desenvolve em um contexto silencioso.

Para o cristão, repetimo-lo, o silêncio de Deus frequentemente é sofrimento, caminho de dúvida, motivo para pôr em xeque a fé. O desdém de Vigny está longe de ser a única resposta e, para muitos homens, notadamente no século XIX, o silêncio de Deus é prova de sua inexistência. Nerval, no poema "Cristo no monte das Oliveiras" presente em *As Quimeras*, sem, de fato, usar a palavra "silêncio", evoca, por sua vez, a prece do Cristo que fica sem resposta.

> E (Jesus) bradou: "Não, Deus não existe!
> [...]
> Irmãos, eu vos enganava: Abismo! Abismo!
> abismo! [...]
> Não há Deus! Deus morreu! [...]
> Tudo está morto!"
>
> Jesus finalmente gritou:
>
> Em vez do olhar de Deus, apenas uma órbita
> Vasta negrura onde a noite habita

Escura dispersão que, adensando,
assombra[310].

Aqui, Jesus aparece como a eterna vítima, o insano sublime.

Huysmans relata, em *La Cathédrale*, o sofrimento de uma cristã admirável, a humilde madame Bavoil, face ao silêncio de Deus. Caminhando com Durtal, ela lhe confidencia sua angústia: Deus não responde mais às suas preces. Doravante, ele se cala. "Eu não tenho mais nem conversas, nem visões. Eu estou surda e cega. Deus cala-se"[311]. E Durtal sente-se atormentado por um sofrimento do mesmo tipo, o qual, nele, não é temporário: "Interroga-se o eterno silêncio e nada responde; espera-se e nada vem; pode-se atestar que ele é o Incircunscrito, o Incompreensível, o Incogitável, que todos os esforços de nossa razão são vãos, não se consegue deixar de atormentar-se e, sobretudo, deixar de sofrer!"[312]

---

310. NERVAL, G. *Les Filles du feu, Les Chimères et autres textes*. Paris: Le Livre de Poche, 1999, p. 369 e 370 [Ed. em língua portuguesa: NERVAL, G. *As quimeras*. Rio de Janeiro, 1996].

311. HUYSMANS, J.-K. *La Cathédrale*. Op. cit., p. 320.

312. Ibid., p. 367.

No século XX, quando cresce a descrença, o silêncio de Deus – e a incompreensão, a dúvida, o sofrimento, a cólera que ele suscita – apaga-se na literatura. A título de exemplo, Stéphane Michaud procurou por traços deste silêncio em três escritores de nosso tempo: Paul Celan, Yves Bonnefoy, Michel Deguy. Ele concluiu pela ausência do silêncio de Deus na poesia contemporânea, a qual, por conseguinte, ignora ou cala-se sobre as reações dolorosas que acabei de evocar. Majoritariamente, cessou-se o questionamento se o silêncio de um Deus oculto era discurso. Mais globalmente, a poesia manifesta uma indiferença, uma dissolução dos laços ancestrais entre a literatura e a religião. Assim, na obra de Celan, escreveu Stéphane Michaud, "o Silêncio é ensurdecedor, a Ausência radical", visto que nada atesta a existência de um Deus que se cala diante dos sofrimentos do povo[313].

É necessário, contudo, matizar um pouco mais. Philippe Jaccottet interroga-se sobre o significado do desaparecimento das re-

---

313. MICHAUD, S. *L'absence ou le silence de Dieu dans la poésie contemporain*: Celan, Bonnefoy, Deguy, Études, 2011, p. 509.

ligiões. “Como, escreve ele, manter-nos diante desta espécie de silêncio e diante deste, quase, nada?” Ao poeta, segundo ele, cabe “encontrar a linguagem capaz de traduzir, com uma força soberana, a persistência de uma possibilidade no impossível”. É-lhe necessário “tentar inventar [...] o canto de uma ausência”, ser o homem que “fala contra o vazio”[314].

Abordemos outros aspectos do que torna trágica e dolorosa a própria presença do silêncio sem que seu lado opressor acentue uma forma de impaciência, de inquietude ou terror religioso. É que, frequentemente, o infortúnio “fala em silêncio”, escreveu Vigny[315]. Huysmans sublinha a força do sentimento que lhe inspira o silêncio residente no mais profundo do ser, nascido quando decidimos “olhar dentro de nós, quando nos inclinamos, em um silêncio assustador, sobre um buraco negro”[316]. Seria convenien-

---

314. JACCOTTET, P. “Dieu perdu dans l'herbe, Éléments d'un songe”. In: *Œuvres*. Paris: Gallimard, 2014, p. 325-327 [Col. *Bibliothèque de la Pléiade*].

315. VIGNY, A. “Le Malheur – Poèmes antiques et modernes”. In: *Œuvres complètes*. Op. cit., p. 64.

316. HUYSMANS, J.-K. *La Cathédrale*. Op. cit., p. 88.

te refletir sobre este medo do silêncio em si, que determina, hoje, a fuga da ausência de barulho (não-barulho) e da interioridade.

Maeterlinck sublinhou, com sua acuidade habitual, várias origens para o medo do silêncio. É por causa de seu "poder sombrio" que sentimos "um medo tão profundo do silêncio e de seus jogos perigosos". Nós suportamos, a rigor, o silêncio isolado, nosso próprio silêncio: "mas o silêncio de vários, o silêncio multiplicado, e, sobretudo, o silêncio de uma multidão é um fardo sobrenatural do qual as almas mais fortes receiam o peso inexplicável". Por isso "nós usamos uma grande parte de nossa vida para buscar os lugares onde o silêncio não reina. Desde que dois ou três homens encontrem-se, eles apenas sonham em banir o inimigo invisível". E Maeterlinck pergunta-se: "Quantas amizades comuns não possuem outras bases senão o ódio ao silêncio?"[317]

Muitas grandes obras da literatura testemunham múltiplas formas de medo do silêncio. Tentemos uma enumeração parcial

---

317. MAETERLINCK, M. "Le Silence". In: *Le Trésor des humbles*. Op. cit., p. 17.

que poderá parecer desconexa. Se a serpente inspira tanta inquietação e personificou o espírito do mal, é porque se trata de um ser radicalmente silencioso, como sugeriu Milton. Pascal, em uma fórmula que todos guardam na memória, descreveu o pavor suscitado pelo silêncio dos espaços infinitos. Senancour associa estreitamente o silêncio ao tédio, antecipando uma convicção completamente contemporânea. Se Oberman deixa certos lugares, é por causa do "tedioso silêncio deles. Eles não falam alto o suficiente para mim". "Deixamos o movimento da cidade, diz ele, o silêncio que nos cerca parece, inicialmente, dar à duração das horas uma constância, uma imobilidade que entristece o homem acostumado a apressar sua vida"[318]. No campo, os dias parecem mais longos do que em outros lugares. Nele, o silêncio assusta por sua austeridade. Baudelaire mencionou a inquietude que um silêncio persistente poderia criar, tal como aquele que reina no domingo sobre a cidade, quando se desliga a máquina urbana.

Byron, e depois Vigny, trinta anos mais tarde, exaltam, em uma outra perspectiva,

---

318. SENANCOUR. *Oberman*. Op. cit., p. 274 e 404.

o heroísmo trágico do silêncio dos estoicos. O lobo, evocado por Vigny, sabe morrer em silêncio e transmitir a sua mensagem: "Depois, como eu, Sofra e morra sem falar"; é que "apenas o silêncio é grande; todo o resto é fraqueza"[319].

Em meados do século XX, Saint-Exupéry faz seu leitor experimentar o silêncio trágico do avião perdido. Ele enumera todas as emoções que o ligam ao drama, notadamente o mutismo angustiado dos que aguardam a aeronave, sem dúvida, perdida: "Este silêncio que piora de minuto a minuto como uma doença fatal"[320]. Em uma mesma perspectiva trágica, seria preciso analisar o silêncio da véspera da batalha, o da trincheira antes do ataque.

É o que Julien Gracq bem qualifica globalmente como "silêncio de catástrofe", sem esquecer, em uma perspectiva bem diferente, o temor suscitado, em certas ocasiões, pelo silêncio noturno, sobretudo, no espíri-

---

319. VIGNY, A. "La mort du loup – Les Destinées". In: *Œuvres complètes*. Op. cit., p. 145.

320. SAINT-EXUPÉRY, A. *Terre des hommes*. Op. cit., p. 33.

to das crianças, diante da imobilidade e do vazio da noite, à espera da entrada em cena da luz da manhã[321].

Tudo isso conduz-nos ao inelutável: os silêncios da aproximação da morte, o do quarto do doente e da câmara mortuária, depois, o da tumba. Georges Rodenbach retornava à afinidade entre o silêncio e a doença. Em um poema intitulado "Les malades aux fenêtres", faz desses, de uma só vez, vítimas e sumos sacerdotes do silêncio, mais capazes do que qualquer um em penetrar sua essência[322]. Em uma espécie de "taumaturgia do silêncio", por intermédio do doente, a diversidade de ruídos encontra-se modificada por dentro. O silêncio é-lhe imposto, ele o guia até o desaparecimento, mas, ao mesmo tempo, permite-lhe experimentar a sua dignidade mais eminente[323].

---

321. Cf. JACCOTTET, P. *La Promenade sous les arbres*. Op. cit., p. 121. Julien Green, em vários dos seus romances, retornou ao tema do terror noturno provocado pelo silêncio.

322. RODENBACH, G. *Œuvre poétique*. Op. cit.

323. LAUDE, P. *Rodenbach* – Les décors de silence. Op. cit.

Escreveu Max Picard: "Parece que o silêncio, expulso de todos os lugares, tenha ido esconder-se junto aos doentes; ele vive com eles como em catacumbas [...]. A doença chegou, o silêncio a segue [...] o silêncio hoje é sinistro, porque se encontra somente à beira dos doentes"[324].

Fixar-nos-emos apenas em dois exemplos de evocação dos silêncios da agonia. O do Sr. Ouine de Bernanos é extremamente confuso. O silêncio dos últimos instantes da personagem, já o vimos, é como em um emaranhado de serpentes, uma maneira de evitar ouvir-se, pedagogia do nada. O silêncio da agonia de Sr. Ouine é também um modo de aprender a arremedar a morte, além da qual, diz, não há nada.

Hermann Broch, em seu romance intitulado *A morte de Virgílio*, consagra inúmeras páginas à marcha do silêncio no espírito do poeta moribundo, à progressão do "silêncio no interior do silêncio"[325]. Quando, na

---

324. PICARD, M. *Le Monde du silence*. Op. cit., p. 170-171.

325. BROCH, H. *La Mort de Virgile*. Paris: Gallimard, 1955, p. 404 [Col. *L'Imaginaire*] [Ed. em língua portuguesa: BROCH, H. *A morte de Virgílio*, São Paulo: Benvirá, 2013].

quarta parte do livro, o silêncio da agonia se delineia, o autor escreve: "O audível, novamente, havia desaparecido entre as coisas ainda não ouvidas [...]. Um novo silêncio se havia estabelecido – para além da ausência de ruído –, um segundo silêncio, um silêncio elevado a um desígnio superior, um silêncio feito de ondas rasas, doce, plano como uma mesa, por assim dizer, espelho do espelho das águas, acima do qual ele se estendia"[326]. Desde então, Virgílio experimenta o sentimento de ser abrigado em um "silêncio imutável e, entretanto, já prestes a ser absorvido por um novo silêncio, preparado por um silêncio ainda maior"[327]. Em seguida, o poeta interroga-se: "Ele se encontrava no nada, excluído de toda interioridade e de toda exterioridade?"[328] Antes de isto ecoar, explode o Verbo que dissolve, abole o universo, plainando acima do nada, além do exprimível e do não-exprimível, depois, na última linha do livro: "Inconcebível e inefável para ele era o Verbo que está além de

326. Ibid., p. 401.

327. Ibid., p. 412.

328. Ibid., p. 436.

toda linguagem"[329]. Isso se junta à intuição de Péguy segundo o qual não pode haver palavra durante a eternidade paradisíaca, porque falar só pode inscrever-se no tempo.

O que qualificamos de "silêncio da morte" – "o silêncio avaro e a noite maciça", escreveu Mallarmé[330] – só tem sentido para o vivo. O pós-morte, no entanto, é feito de uma gama de silêncios, doravante mortalhas da morte, alimentadas pela lembrança. Antes de tudo, impõe-se o silêncio do "quarto onde, escreveu Maeterlinck, alguém cala-se para sempre"[331]. A título de exemplo, citemos a câmara mortuária onde jaz a mãe daquele que Albert Camus nomeia "o estrangeiro", por onde se esgueiram os internos do asilo antes de permanecerem "encolhidos, tristes e silenciosos"[332].

Em seguida, vem a tomada de consciência do silêncio dos objetos familiares do morto, tal como a lira de Geneviève Roussel,

---

329. Ibid., p. 438-439.

330. MALLARME, S. "Toast funèbre à Théophile Gautier". In: *Poésies*. Op. cit., p. 82.

331. MAETERLINCK, M. "Les Avertis". In: *Le Trésor des humbles*. Op. cit., p. 40.

332. CAMUS, A. *L'Étranger*. Op. cit., p. 19.

morta em pleno brilho da juventude, que emociona profundamente Malherbe no alvorecer do século XVII. Pendurado em seu gancho, o instrumento, doravante triste, lentamente "cobre-se de imundície" enquanto sobre ele a aranha, pouco a pouco, estende a sua "teia poeirenta"[333].

Sem dúvida, o túmulo, acima de tudo, impõe a emoção suscitada pelo mutismo dos mortos, acentuada pela lembrança de suas vozes. Nesse ponto, o tema é tão recorrente na literatura e nas artes plásticas que citarei apenas um exemplo, o de Victor Hugo, tão profunda é nele a sensação de silêncio ligado à morte de Leopoldina, qualificada por ele como um "vasto e profundo silêncio da morte"[334]. Resta a esperança que diz a "boca das sombras" visto que tudo fala no universo:

> Tu crês que a tumba, vestida de grama
> e de noite,
> Não seja nada além de um silêncio?[335]

---

333. MALHERBE, F. "Larmes du sieur Malherbe". In: *Œuvres*. Paris: Gallimard, 1971, p. 5 [Col. *Bibliothèque de la Pléiade*].

334. HUGO, V. "On vit, on parle..." In: *Les Contemplations*. Op. cit., p. 290.

335. HUGO, V. "Ce que dit la bouche d'ombre". In: *Les Contemplations*. Op. cit., p. 508.

E, acerca da lembrança de sua filha: “Oh! Quantas vezes eu disse: Silêncio! Ela falou”[336].

Em *Os raios e as Sombras*, invertendo a proposta, na ocasião da morte de seu irmão Eugène Hugo, o poeta pergunta-se sobre o que ouve a morte, sobre estes ruídos capazes de romper o silêncio da tumba:

> Tu não ouvirás nada além da grama e do arbusto,
> O passo do coveiro que faz estremecer a terra,
> A queda do fruto maduro! E, por momentos, o canto disperso no espaço,
> Do vaqueiro que desce na planície, e que passa
> Atrás do velho muro![337]

Concluímos este livro com o mais forte, com o mais trágico de todos os silêncios: o que reinará quando a Terra estiver morta, quando sua dissolução realizar-se-á no silêncio, o “dia em que tudo calar-se-á”, evocado por Vigny. Sobre isto, leiamos “*Solvet seclum*”, um dos *Poemas bárbaros* de Leconte de Lisle:

---

336. HUGO, V. “Oh! je fus comme fou...” In: *Les Contemplations*. Op. cit., p. 280.

337. HUGO, V. “*Les Rayons et les ombres*”. In: *Les Contemplations*. Op. cit., p. 409 [poema no verso do convite para o velório de Eugène Hugo].

Tormentos, crimes, remorsos, soluços desesperados,
Espírito e carne do homem, um dia vós calareis!
Todos ficarão em silêncio, deuses, reis, condenados e multidões vis,
O rouco estrondo de prisões e de cidades,
Os animais das florestas, das montanhas e do mar,
O que voa e salta e rasteja neste inferno,
Tudo o que treme e foge, tudo o que mata e come,
Desde o verme da terra esmagado no lodo
Até o raio errante na densidade das noites!
Com um só golpe a natureza interromperá seus ruídos.

Isso acontecerá "quando o Globo [...] estúpido, cego, cheio de um último grito [...] contra algum universo imóvel, em sua força romperá sua velha e miserável crosta". Então, ele irá "fertilizar com seus restos imundos os sulcos do espaço onde fermentam os mundos"[338].

Leconte de Lisle ignorava o *big-bang* e seu ruído, o universo em expansão e em retração, mas ele apresenta, sem dúvida, me-

338. LISLE, L. "*Solvet seclum*". In: *Poèmes barbares*. Op. cit., p. 294.

lhor do que já se fez, o aniquilamento inelutável de nosso planeta e o silêncio trágico de seus destroços.

# Agradecimentos

Agradeço a Fabrice d'Almeida por ter, atenciosamente, cuidado da versão final deste livro e a Sylvie le Dantec por sua ajuda na preparação do manuscrito.

## Do mesmo autor

*Les Filles de noce* – Misère sexuelle et prostitution au XIX$^{e}$ siècle (1978). Flammarion/Champs, 1982.

*Le Miasme et la Jonquille* – L'odorat et l'imaginaire social (1982). Flammarion/Champs, 1986.

*Le Territoire du vide* – L'Occident et le désir du rivage (1750-1840) (1988). Flammarion/Champs, 1990.

*Le Village des cannibales* (1991). Flammarion/Champs, 1995.

*Les Cloches de la terre* – Paysage sonore et culture sensible dans les campagnes au XIX$^{e}$ siècle. Albin Michel, 1994 [Flammarion/Champs, 2013].

*Le Monde retrouvé de Louis François Pinagot, sur les traces d'un inconnu*, 1798-1876. Flammarion/Champs, 1998.

*L'Homme dans le paysage*. Textuel, 2001.

*Histoire du corps* (dir. com Jean-Jacques Courtine e Georges Vigarello). Seuil, 2007.

*L'Harmonie des plaisirs* – Les manières de jouir du siècle des Lumières à l'avènement de la sexologie (2008). Flammarion/Champs, 2010.

*La Douceur de l'ombre* – L'arbre source d'émotion, de l'Antiquité à nos jours (2013). Flammarion/Champs, 2014.

*Les Filles de rêve*. Fayard, 2014.

"*Sois sage, c'est la guerre*" – Souvenirs d'enfance (1939-1945). Flammarion, 2014.

Conecte-se conosco:

facebook.com/editoravozes

@editoravozes

@editora_vozes

youtube.com/editoravozes

+55 24 99267-9864

www.vozes.com.br

Conheça nossas lojas:

www.livrariavozes.com.br

Belo Horizonte – Brasília – Campinas – Cuiabá – Curitiba
Fortaleza – Juiz de Fora – Petrópolis – Recife – São Paulo

Vozes de Bolso

**EDITORA VOZES LTDA.**
**Rua Frei Luís, 100 – Centro – Cep 25689-900 – Petrópolis, RJ**
**Tel.: (24) 2233-9000 – E-mail: vendas@vozes.com.br**